RINSEY MILLS

AC COBRA

DIE AUTOS UND IHRE GESCHICHTE 1962-67

Motor buch Verlag

Danksagungen

Die eigens für dieses Buch aufgenommen Fahrzeuge gehören Robinn Stainer (260), Herb Wetanson (289), Nick Green (289) und Anthony Posner (427). Auf den Auslöser des Fotoapparates drückten Rinsey Mills, Jim Feldman und Mike Walsh. Andere Bilder steuerten Road & Track (Danke an Otis Meyer), Geoff Goddard (Danke, Doug Nye), Neill Bruce (mit der Peter Roberts Collection), Quadrant Picture Library, dem National Motor Museum, David Hodges, LAT Photographic, der Ludvigsen Library (Fotos von Stanley Rosenthall), Haymarket Publishing, Motoring Archive, Phipps Photographic, Ford, Ted Walker, EMAP National Publications Limited, Ned Scudder, Laurie Caddell, Eberhard Kittler, Trevor Legate und Rinsey Mills bei.

Die Originalausgabe ist erschienen unter dem Titel
Essential Ac Cobra, the cars and their story 1962-67
ISBN 1 870979 85 0

Deutsche Fassung: Jan Leek

Einbandgestaltung: Anita Ament

ISBN 3-613-01799-7

1. Auflage 1997

Lektorat: Joachim Kuch
DTP: Ipa, Vaihingen/Enz
Printed in Hong Kong

INHALT

Der Anfang

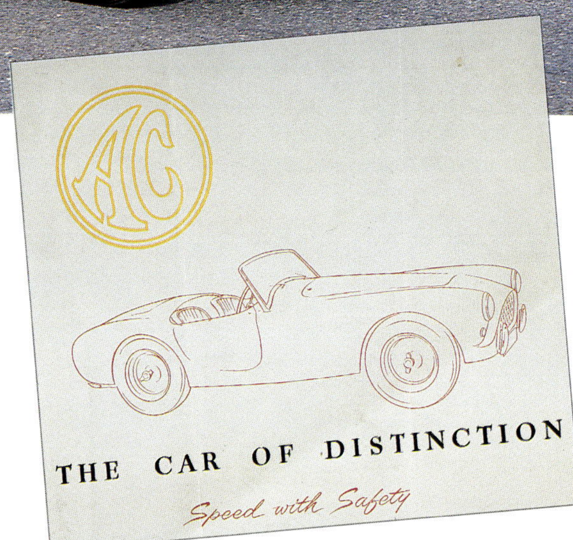

Obwohl der Ace den ehrwürdigen, noch in der Vorkriegszeit entwickelten Zweiliter-AC-Motor unter der Haube trug, galt er – hier ein frühes Exemplar mit Chassis-Nummer AE72, das im Mai 1955 das Werk verließ – zu seiner Zeit als flotter Wagen.

Der Platz war düster und nicht gerade einladend. Auch das Januar-Wetter paßte dem großgewachsenen Texaner nicht und trotzdem trug er ein Grinsen im Gesicht als er mit dem Wagen immer wieder eine neue Kurve ansteuerte. Ein Drift mit allen vier Rädern ließ ausgangs der Kurve die Hinterräder kurz durchdrehen, als der Fahrer vor den Beobachtern an der Box die Gerade entlangbeschleunigte.
Der Platz war Silverstone, der Mann Carroll Shelby. Und das Auto? Es war der erste Cobra.
Die Zuschauer waren zum größten Teil Angestellte der Firma AC und geladene Freunde. Auf der anderen Seite der Rennstrecke befanden sich aber zwei Teenager. Angelockt vom Sound waren sie über den Zaun geklettert, um den schnellen Wagen näher beobachten zu können. Der ältere wußte, daß es sich um einen AC handelte, weil der Vater seines Freundes gerade einen Ford-

Der Ace RS 2.6 — hier die Chassisnummer RS 5020 vom September 1962 — erhielt das kurzhubige Aggregat des Ford Zephyr. Der Motor hatte eine geringere Bauhöhe, das führte zu einer neuen, aggressiven Frontgestaltung, die später auch den Cobra zierte.

David Purley (hier in heller Jacke) war zu Beginn seiner Rennsport-Karriere häufig in einem Cobra 289 unterwegs. Dieses Bild zeigt ihn und den Autor Anfang 1962 in Silverstone, wo sie Zeugen der ersten Cobra-Testfahrten wurden.

motorisierten AC gekauft hatte, aber dieses Auto war anders...

Es war dieser Sound: Ein ungleichmäßiges Stakkato, das bei höheren Drehzahlen sich in ein Röhren verwandelte und in einem rasenden, hohlen, zähnefletschenden Crescendo kulminierte. Sie schlichen sich näher an die Strecke, berauscht von dem Motorgeräusch. Dann, genau so abrupt wie es angefangen hatte, erstarb das Gebrüll des Motors ab, die Testfahrt war beendet.

Die Beobachter an jenem Tag sahen die Geburt eines der faszinierendsten Wagens der Automobilgeschichte. Shelby flog zurück in die USA, um über seine Eindrücke von der Testfahrt zu sprechen. Das Auto wurde ins Werk in Thames Ditton/Surrey zurücktransportiert und entsprechend modifiziert, bevor es über den Atlantik verfrachtet wurde. Und die Jungs?

Keiner von den beiden hat diesen Sound je vergessen. Mit den Jahren wurde der ältere, David Purley, selber Rennfahrer und steuerte einen Cobra 289, bevor er dann GP-Wagen lenkte. Der jüngere war ich.

Die AC-Geschichte begann lange bevor Carroll Shelby daran dachte, einen amerikanischen V8 in einen englischen Sportwagen zu verpflanzen. AC Cars Limited gab es seit der Zeit vor dem Ersten Weltkrieg und die Firma erwarb nach dem Zweiten Weltkrieg die Rechte an einem Wagen, den John Tojeiro konstruiert hatte. Mit einer etwas geänderten Karosserie und dem hauseigenen 2-Liter-Sechszylinder mit obenliegender Nockenwelle kam das Modell 1953 dann als AC Ace auf den Markt. Zu jener Zeit hatte dieser Motor schon dreißig Jahre auf der Ölwanne, die mittlerweile geringe Motorleistung kompensierte der Wagen mit geringem Gewicht und gutem Handling. Langsam war er allerdings nicht. Von Null auf 96 km/h (60 mph) beschleunigte er in etwa 12

Zwei Schlüsselfiguren in der Cobra-Geschichte: Carroll Shelby (links) war ein außergewöhnlich vielseitiger Rennfahrer, der auch im Monoposto sehr erfolgreich agierte. Mit seinem Ferrari stellte er beim Mount-Washington-Bergrennen einen neuen Klassenrekord auf. Derek Hurlock (unten) hielt sich eigentlich lieber im Hintergrund und posiert vielleicht deswegen ein wenig mißmutig für diesen Schnappschuß vom Showroom in Thames Ditton. Beide AC sind für den Export bestimmt, rechts steht ein Ace, links ein früher Cobra.

Sekunden und seine Spitze betrug über 160 km/h.
Das Chassis bestand aus zwei 3 Zoll dicken Stahlrohren mit stehenden, dreieckigen Querträgern vorn und hinten und einer zentralen Rundrohr-Verstrebung in der Mitte. Die Hauptträger waren oben abgeflacht und trugen die Querblattfedern für die Einzelradaufhängung. Der hintere Kastenträger beherbergte auch das Differential. Die Anlenkpunkte der unteren Dreiecklenker waren mit dem Zentralrahmen verschweißt. Die Lenker selbst waren zuerst in Bronze gelagert, später in Gummi. Ein Gespinst aus 38 mm messenden Stahlrohren bildete den Unterbau der aus Aluminium getriebenen und mit Nieten befestigten Karosserie.
Ohne Alubeplankung erinnerte die Fahrwerkskonstruktion eher an zeitgenössische italienische Entwürfe denn an eine Entwicklung aus den Londoner Randgebieten. Die Karosserie unterstrich noch diesen Eindruck und der Vergleich mit einer Barchetta von Ferrari lag nahe. Bis zum Verkaufsbeginn hatten sich die Linien noch etwas verändert, die Frontpartie war neu — wenn auch immer noch typisch italienisch.
Dieses für einen britischen Hersteller so völlig untypische Auto wurde nach der Londoner Motor Show 1953 zum Verkauf angeboten. Wegen der Handarbeit war er mit 950 Pfund teuer, dafür aber um die 200 Pfund billiger als der erfolgreiche Jaguar XK120. Der Letzere hatte natürlich den extravaganten 3,4-Liter-Dohc-Sechszylinder, der ihm eine Spitze von 200 km/h verlieh. Doch ein Jaguar-Fahrer, der versuchte, einen Ace auf engen britischen Straßen abzuhängen, mußte völlig verrückt sein. Das eher primitive Jaguar-Chassis , das seinen Ursprung in der klotzigen Mark V Limousine hatte und die völlig unzureichenden Bremsen schränkten die Leistungsfähigkeiten auf Englands kurvigen Wegen erheblich ein. Zur Ehrenrettung des Jaguar muß aber gesagt werden, daß William Lyons den Wagen für die USA konzipiert hatte. Und dafür reichte das Gebotene allemal.
Der neue Ace erhielt bei seiner Vorstellung glänzende Kritiken, der Verkauf für 1954 belief sich auf 23 Einheiten. Davon gingen drei Stück in die USA. Man muß bedenken, daß der Ace von Hand gebaut wurde und niemals für eine Serienherstellung geplant oder geeignet war.
Ein Ace-Coupé wurde auf der Motor Show 1954 vorgestellt, es hieß Aceca und erwies sich als Träger einer

Der allererste Cobra, ursprünglich in einem schrillen Gelbmetallic lackiert, war ein vielgefragtes Ausstellungs-. und Vorführobjekt.

Manchmal konnte sich auch Carroll Shelby höchstpersönlich hinter das Lenkrad schwingen, wie hier in Kalifornien.

langen Tradition: Dieser Name wurde im AC-Programm schon während der 20er verwendet. Das neue Modell wurde, wenn möglich, mit noch mehr Begeisterung empfangen und die Presse äußerte sich sehr wohlwollend über den Neuling. 1955 fertigte das Werk 62 Ace und 45 Aceca, davon gingen 13 beziehungsweise sieben in die USA.
Bei Rallyes und Rennveranstaltungen tauchten nun einige Ace auf und schlugen sich recht wacker. Dabei präsentierten sich Fahrwerk und Bremsen voll auf der Höhe der Zeit, während der dreißig Jahre alte AC-Motor so alt aussah, wie er tatsächlich auch war. Außerdem war er nie für Rennzwecke konzipiert worden. Der AC-Händler Ken Rudd in Sussex erinnerte sich, daß einer der ursprünglichen Wagen von Tojeiro mit einem Bristol 2-Liter-Motor ausgestattet war. Auch die Cooper-Bristol Monoposti und die Frazer-Nash Sportwagen hatten den gleichen Antrieb und er beschloß, 1955 selber einen solchen Treibsatz zu verwenden. Damit gewann Rudd die Production Car-Meisterschaft 1956, worauf dann AC schon ab Werk einen Ace Bristol mit dieser Motoralternative anbot. Schon im ersten Produktionsjahr übertrafen die Produktionszahlen dieses Modells die des Ace, 62 Stück vom Bristol gegenüber 44 Einheiten mit dem normalen Ace-Motor. Amerikanische Käufer orderten 34 mit dem AC-Motor und 30 mit Bristol-Aggregat.
Im darauf folgenden Jahr, 1957, stiegen die Verkaufszahlen auf ungeahnte Höhen, als nicht weniger als 155 Ace Bristol (97 davon für USA) und 21 Ace mit AC-Motor ausgeliefert werden konnten. Der kleine englische Sportwagen mit schlanken Linien, raffiniertem Auspuffklang und beachtlicher Leistung (und das schon ab Werk) war endlich ein Begriff. Markenfreunde in den USA freuten sich über einen dritten Platz in ihrer Hubraumklasse bei den 12 Stunden von Sebring, hinter zwei Ferrari.
Abgesehen von mehreren Klassensiegen bei verschiedenen Rennveranstaltungen gewann ein Ace den SCCA-Titel in seiner Hubraumkategorie, der Klasse E in den Rennen des Sports Car Club of America. In Europa nahm Rudd an den 24 Stunden von Le Mans teil. Er wurde Zehnter im Gesamtklassement und Zweiter in der 2-Liter-Klasse.
Unter den Autos, die in diesem Jahr nach Amerika gingen, befand sich auch Chassisnummer BEX 327. Er war ohne Motor und Getriebe ausgeliefert. Was sollte daraus werden?
Szenenwechsel: Inzwischen hatte sich Carroll Shelby einen Namen als Rennfahrer gemacht und 1956 mit seinem 4,9-Liter-Ferrari den SCCA-Titel in der großen Klasse

Die charakteristischen Linien des Ace/Cobra kommen aus dieser Perspektive besonders gut zur Geltung. Im Bild ein 1962er Ace RS 2.6 mit der geschwungenen Frontscheibe.

gewonnen. Vielleicht ist ihm das nicht aufgefallen, aber ein Ace Bristol fuhr beim letzten Rennen der Saison in Palm Springs den Klassensieg nach Hause.

Die folgenden zwei Jahren dominierten Ace Bristol die Klasse E in der SCCA völlig. Um der Konkurrenz eine Chance zu geben, wurden sie 1960 in die Klasse D hochgestuft und 1961 sogar in die Klasse C, also in die der Fahrzeuge bis 2,5 Liter Hubraum. Die Ace waren nicht zu schlagen — ebensowenig wie Carroll Shelby. Die Sternstunde seiner Karriere erlebte er 1959 in Le Mans, als er zusammen mit Roy Salvadori in einem Aston Martin DBR1, als Gesamtsieger abgewunken wurde. In der 2-Liter-Klasse gewannen der ewig enthusiastische Ken Rudd (mit Peter Bolton) in einem Ace Bristol. Die beiden belegten in der Endabrechnung einen siebenten Rang.

Aston Martin stellte 1960 das Rennprogramm ein und Shelby, der einige Zeit Werksfahrer gewesen war, dann aber die ersten Anzeichen eines Herzproblems zu spüren bekommen hatte, beschloß aus der aktiven Rennszene auszusteigen. Er war erst 37 Jahre alt. Langweilig wurde es allerdings nicht. Er war als Großhändler für die Reifenmarke Goodyear im Westen der USA, als Berater der Zeitschrift *Sports Car Graphic* und als Leiter der neu gegründeten Shelby High Performance Driving School an der Riverside-Rennstrecke vollauf beschäftigt.

Jeder von uns hat seine Träume, und Shelby war keine Ausnahme. Ein immer wiederkehrender Traum war, das Handling und Fahrverhalten eines europäischen Sportwagens mit einem kraftvollen amerikanischen V8 zu vereinen.

Der Chevrolet V8 schien dabei die natürliche Wahl zu sein, General Motors reagierte aber auf Shelbys Vorschlag nicht gerade enthusiastisch. Im Hause gab es mit dem Corvette schon eine sportliche Alternative, und eine Konkurrenz im eigenen Hause mit dem gleichen Motor heranzuzüchten, schien keine gute Idee zu sein. Shelby dachte kurz daran, den Austin Healey 3000 als Basis zu nutzen, biß aber auch in England auf Granit. Im Nachhinein betrachtet war es bestimmt auch besser so. Die Vorstellung eines V8 mit mehr als 250 PS im primitiven Leiterrahmen-Chassis des Healey, ergänzt um ausgewählte Teile erfolgloser Austin-Limousinen, ist nicht besonders beeindruckend. Abgesehen davon wurde es im Healey-Cockpit schon mit dem verwendeten 3-Liter-Sechszylinder ungemütlich warm, ein V8 hätte die unglücklichen Passagiere vollends geröstet.

Ford lieferte unwissend die Antwort, da der alte Y-Block V8 auf modernste Weise renoviert worden war. Eine neue

Noch nicht einmal einen Monat nach seiner Fertigstellung wurde der Cobra in Earls Court im Oktober 1962 auch in Europa präsentiert. Der rote Rechtslenker mit schwarzer Innenausstattung, Nummer CS 2030, stammt aus der ersten, für die USA bestimmten Serie.

Gußtechnik führte zu einem dünnwandigen Motorblock und einem sehr leichten und kompakten Motor. Die Ventilsteuerung geschah über Stoßstangen, der Hub war aber für damalige Verhältnisse sehr kurz. Die Originalkonstruktion kam auf 3,6 Liter Hubraum (221 cu-in), bot aber noch genügend Potential für spätere Hubraumaufstockungen.

Shelby kannte flüchtig David Evans, den Leiter des Ford-Rennprogramms für die Stockcar-Serie. Ihm erzählte er von seinen Plänen und bat um die Lieferung einiger Motoren zu Testzwecken. Evans kannte Shelbys Position in der Rennszene und nahm ihn ernst genug, um einzuwilligen. Shelby hatte für seine Reifengeschäfte Lagerräume im Tuningbetrieb seines Freundes Dean Moon angemietet. Dorthin wurden die Motoren geliefert und die beiden sahen schnell ein, daß der ideal für das war, was ihm vorschwebte. Jetzt fehlte nur noch das Auto.

In England hatte Bristol Cars Ltd. inzwischen Ace mitgeteilt, daß ab sofort der alte Motor nicht mehr lieferbar wäre, da man auf den Chrysler V8 umsteigen wolle. Der bislang verwendete Sechszylinder ging auf den von BMW für den Vorkriegs-328er konzipierten Motor zurück und war von Bristol an AC, Frazer-Nash und Arnolt geliefert worden, hatte aber auch eigene Autos befeuert. Doch damit war jetzt Feierabend. Für den Augenblick waren noch genügend Motoren da, um so mehr, da der Umsatz und damit der Absatz drastisch gesunken war. 1961 verkaufte Ace nur einen einzigen Wagen mit AC-Motor und zehn mit Bristol. Der einzelne mit AC-Bestückung ging nach USA.

Diese Krise überlebte AC nur, weil der Autobau nicht das einzige Standbein gewesen war, auf das sich die Firma gestützt hatte. Unter anderem baute man zum Beispiel Golfcarts und Rollstühle. Jetzt, mit dem Ausfall von Bristolmotoren und in Betracht auf das Alter des AC-Motors, stand das Unternehmen vor einer Wegscheide.

Wieder kam Ken Rudd ins Bild. Er schlug vor, den 2,6-Liter-Motor des Ford Zephyr zu verwenden. Beim Prototypen hatte es sich noch um einen Serien-Ace mit neuem Motor gehandelt, die Kleinserie hatte aber den verstärkten Rahmen der Aceca und eine etwas veränderte Karosserie. Der verwendete Ford-Kurzhuber erlaubte eine flachere Motorhaube und die entsprechend kleinere Kühleröffnung verlieh dem Wagen eine aggressive Optik. Obwohl er Tausende von Meilen von Europa entfernt war, hielt sich Carroll Shelby auf dem laufenden. Durch seine Lektüre *Sports Car Graphic* wurde er auf die neuen Pläne bei AC aufmerksam und erinnerte sich an die kleinen, zierlichen Sportwagen, die in den letzten Jahren so viele sportlichen Erfolge gehabt hatten. Wenn ein Sechszylinder von Ford paßt, warum dann nicht ein V8?

Schnell nahm er mit der Familie Hurlock Kontakt auf, die die Marke seit der letzten 30 Jahre besessen hatte, und machte einen Termin aus. Hier traf er auf offene Ohren und alles sah vielversprechend aus. Zurück in den USA fand er auch bei Ford genügend Interesse, so daß einer Lieferung weiterer Motoren nichts im Wege stand. Diesmal gingen sie aber direkt an AC in England. Die Engländer legten den 2.6 Ace schnell auf den größeren Motor aus, die frühen Skizzen weisen sogar die neue Modellbezeichnung 3.6 Ace auf, die aber nie benutzt wurde, da Ford den größeren 260er Motor (4,2 Liter) für die ersten Serienwagen verordnete.

Der Basisrahmen blieb unverändert, lediglich eine zusätzliche Strebe sorgte direkt vor dem Differential für mehr Stabilität. Der Raum für die Hinterradaufhängung wurde vergrößert, das Differential bildete eine in Gummi

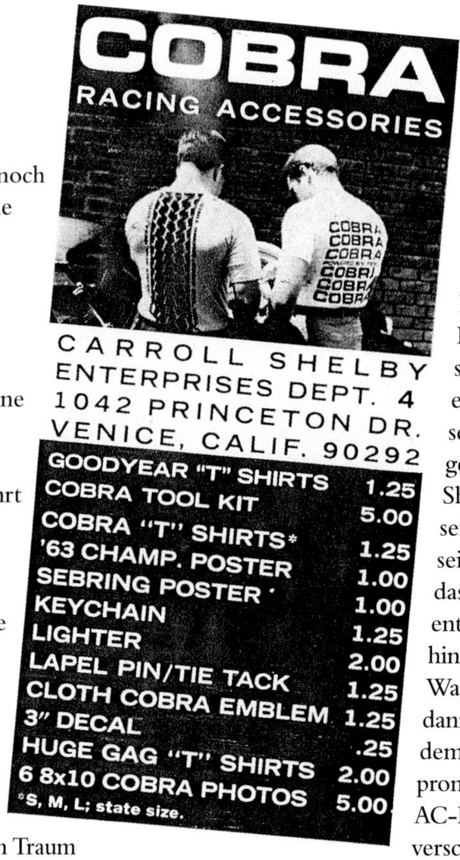

Wieviel man heute wohl für diese Fanartikel hinblättern muß?

gelagerte und mit dem Rohrrahmen verschraubte Einheit. Beim Ace war es ja noch Teil des hinteren Querträgers gewesen. Die Schweißpunkte im Heckbereich waren verstärkt worden und die nach oben führenden Träger bestanden nun aus Guß. Auch Antriebswellen und Radzentren wurden kräftiger dimensioniert. Das erste Exemplar hatte innenliegende Bremsen, eine Idee, die in der Serie nicht verwirklicht wurde.
Innerhalb weniger Tage nach der Probefahrt in Silverstone hatte Carroll Shelby schon mit allen Beteiligten gesprochen und die Entscheidung, das Projekt durchzuziehen, war gefallen. Das AC-Werk produzierte, je nach Bedarf, den ganzen Wagen ohne Motor und Getriebe in Kleinserie. Die AC-Identität sollte gewahrt bleiben. Ford lieferte Motoren und Getriebe und erhielt, neben Geld, noch ein kleines Emblem auf den Wagenflanken — Powered by Ford. So konnte Shelby seinen Traum realisieren und kam mit wenig finanziellem Aufwand und ohne teure Entwicklung zu einem Supersportwagen mit V8-Maschine.
Der erste Wagen hatte die Fahrgestellnummer CSX 2000. Irrtümlich wird oft behauptet, er habe CSX 0001 geheißen und CSX stünde für »Carroll Shelby Experimental« , was nicht den Tatsachen entspricht. Dahinter verbarg sich »Carroll Shelby Export«. Vor dem Transport wurde der Motor ausgebaut und verließ, unlackiert, das Werk am 20. Februar 1962. Per Flugzeug ging die Reise nach New York, wobei »Carol« Shelby als Empfänger angegeben war. In den Werkspapieren findet sich unter der Rubrik »Bezeichnung des Wagens« (wie bei allen blattgefederten Cobra) der Name AC Ace Cobra — womit sich Cobra-Fans von einem weiteren Mythos verabschieden müssen, nämlich dem, daß der Wagen namenlos in die USA kam und Carroll Shelby eines Nachts im Traum den Schriftzug Cobra auf der Haube gesehen habe und diesen dann für gut befand.
Nach der Ankunft in New York führte die Reise weiter zu Dean Moons Speedshop in Kalifornien. Dort wartete ein 4,2-Liter-Motor. Dieser Motor, Nummer XHP 2601, war der erste einer Reihe Hochleistungsmotoren, die Ford an Shelby mit 4,2- (260 cu-in) und 4,7-Liter (289 cu-in) lieferte. Sie wurden nicht nur für die Cobra verwendet, sondern auch für den Shelby Mustang. Sie waren robuster als die üblichen Serienmotoren und hatten unter anderem massive Ventilhebel statt der hydraulischen.
Die Legende erzählt, daß der Wagen schon am ersten Abend lief und daß er dann fast täglich von Shelby, seinen Freunden und Interessenten gefahren wurde. Gesichert ist, daß Shelby, im Bemühen, den Wagen als seine Schöpfung auszugeben, sofort sein Abkommen mit AC brach und das AC-Emblem von der Front entfernte und dort seinen Namen hinpinselte, und das, bevor noch der Wagen lackiert war. Später entwarf er dann ein etwas grobes Gußemblem, auf dem die Bezeichnung Shelby Cobra so prominent zu sehen war, daß das kleine AC-Logo in der Mitte nahezu verschwand.
An Ostern findet die jährliche New York Motor Show statt. Shelby hatte seine Schöpfung bereits Dave Evans vorgeführt und Ford lud ihn ein, den Wagen auf dem Ford-Stand zu zeigen. Schnell erhielt der Wagen einen metallisch glänzende, gelbe Lackierung und den letzten Feinschliff. Obwohl der kleine Sportwagen im Schatten all der riesigen Straßenkreuzer von Ford und Co stand, stahl er fast allen die Show. Und das ohne aufwendige Präsentation (etwa auf einem Drehteller) und ohne daß die Zuschauer seine Leistung kannten. Shelby verließ die Ausstellung mit einem Notizbuch voller Anfragen und Bestellungen, getätigt gleichermaßen von privaten Käufern wie von Händlern. Beide mußten sich allerdings noch eine Weile gedulden. Es dauerte, bis der zweite Wagen kam, und bis dahin hatte die Nummer Eins noch eine Menge Aufgaben zu erfüllen, als Pressefahrzeug, Vorführwagen und Entwicklungsträger.
Am 19. Juli verließ Nummer CSX 2001 das Werk in England und flog nach New York. Noch vor Ablauf des Monats folgten die nächsten fünf. Der erste wurde per Flugzeug von England nach Kalifornien geschickt. Die anderen vier gingen per Schiff nach New York. Die Nummer CSX 2002, rot lackiert und mit schwarzem Leder schon ab Werk, war der erste Rennwagen. Die Legende war geboren.

Der blattgefederte Cobra

Im Juli 1962 verließen die ersten verkauften Cobra das AC-Werk und gingen entweder an die West- oder die Ostküste der USA. Die Destination war vom Ort der Montage von Motor und anderen Kleinigkeiten wie Instrumenten abhängig. Um die Arbeit zu verteilen, aber auch um unnötige Transporte zu vermeiden, gingen einige Autos über New York nach Pittsburg zu Ed Hugas, einem Händler, der die Endmontage durchführte. Autos, die in New York landeten, kamen meist per Schiff und von dort zumeist direkt weiter nach Los Angeles, dann in der Regel auch per Flieger. Ende 1962 waren insgesamt 61 Autos in den USA angekommen.

Diese hatten alle den 260er Motor (4,2 Liter Hubraum) und werden üblicherweise als Mark I bezeichnet. Sie unterschieden sich kaum vom Prototypen, hatten allerdings nicht mehr die innenliegenden Scheibenbremsen. Statt dessen kamen 273 mm große Trommelbremsen, deren

Nur sechs Cobra 289 mit Rechtslenkung waren weiß, einer davon, noch nicht zugelassen, fährt gerade aus der Ausstellungshalle von AC in Thames Ditton (oben). Aller Wahrscheinlichkeit nach der allererste Cobra (unten), jetzt in silbrigem Aluminium glänzend und mit Überrollbügel versehen, auf Testfahrt — natürlich mit Ford-Power, daran läßt der Schriftzug auf den Flanken keinen Zweifel aufkommen.

Farbanzeige aus Road & Track vom Mai 1964. Der Cobra mußte für viele Arten von Bildern herhalten, wobei die eine oder andere Aufnahme nicht unbedingt etwas mit Autotests oder Testfahrten zu tun hatte. Doch wer würde hier nicht einsteigen?

Wirkung unterstützte die 297 mm großen vorderen Bremsscheiben. Damit war der Cobra bestens ausgestattet, auch wenn das System ohne Bremskraftverstärker einen festen Fuß verlangte.
Im September veröffentlichte *Road & Track* einen Test vom ersten Cobra. Der Bericht lobte den Wagen, beschwerte sich aber über den schwierigen Richtungswechsel bei höheren Geschwindigkeiten. Aus irgendeinem Grund waren Beschleunigung und Spitzengeschwindigkeit viel besser als bei einem Serien-289er (4,7 Liter), den die gleiche Zeitung zwei Jahre später fuhr. Es dürfte sich also um ein präpariertes Exemplar handeln, aber die Zahlen sind trotzdem beeindruckend, besonders wenn man bedenkt, daß die Übung vor mehr als 25 Jahren stattfand. Von Null auf 96 km/h (60 mph) vergingen nur 4,2 Sekunden. Bis 80 mph (128 km/h) benötigte der AC 6,8 Sekunden und die magischen 100 Meilen wurden in nur 10,8 Sekunden erreicht, 160 km/h. Die Höchstgeschwindigkeit lag bei 246 km/h, was einer Motordrehzahl von 7000/min entsprach. Der Testfahrer war froh, konstatieren zu können, daß die Bremsen damit keine Schwierigkeiten hatten — »die besten, die wir bis jetzt probiert haben«. Der Preis für diesen erstaunlichen Wagen lag bei etwa 6000 Dollar und war von der Ausstattung abhängig. Kleinigkeiten wie Heizung und Sicherheitsgurte gehörten zur Extraausstattung.
Am 21. Januar 1963 verließ Cobra Chassisnummer CSX 2075, schwarz lackiert und mit schwarzer Innenausstattung, das Werk und wurde zusammen mit acht weiteren Cobra auf die *SS Dohedyk* mit Kurs auf Los Angeles verladen. Als die Nummer 2075 bei Shelby

Chassis-Nummer CSX 2042 (gegenüber, oben) wurde ursprünglich im November 1962 als Standard-260er ausgeliefert und bei Clubrennen in den USA eingesetzt. Nach seiner ersten Saison wurde er auf den 289er-Motor umgebaut. Die ersten Exemplare hatten noch keine Griffe auf den Hauben oder Lufteinlaßschlitze in den Frontkotflügeln, allerdings eine zusätzliche Lufthutze wie die Werksautos.
Ein Blick in den Motorraum; gut zu sehen das mit Blindnieten innen am Kotflügel befestigte Blech. So hat der bei den frühen Wagen verwendete Dynamo entsprechenden Platz. Die Ventildekkel bestanden seinerzeit übrigens aus Stahl, dieser 289er Motor ist allerdings ein wenig aufpoliert.
Der hundertste Cobra, der gebaut wurde (unten), rollte nur unwesentlich später aus den Werkshallen, war aber bereits mit der 289er-Maschine ausgestattet worden.

16
16
ALB 420A

COBRA

Frühe Cobra in den Werkstätten von Carroll Shelby Enterprises am Princetown. Alle Fahrzeuge dürften vor der Chassis-Nummer CSX 2126 gebaut worden sein, denn sie weisen das Ace-typische Lenkrad mit flacher Nabe und Holzkranz auf. Unten: Die Nummer 98 ist der Cobra von Billy Kraus, jener Wagen, mit dem im Oktober 1962 auf der Riverside die Rennkarriere des AC begann.

ankam, war das der AC, der mit dem größeren 289er-Motor versehen wurde. Alle Blattfeder-Cobra danach erhielten dann den 4,7-Liter-V8.

Erst mit Fahrgestellnummer CSX 2126 verschwand das alte Lenkgetriebe zugunsten einer Zahnstangenlenkung. Das alte System von Bishop Cam hatte für den Ace genügt, für den Cobra mit seinen Breitreifen allerdings war es zu empfindlich und übertrug jede Fahrbahnunebenheit auf die Lenkung. Merkwürdigerweise war der erste vorgestellte Ace 1953 ebenfalls mit Zahnstangenlenkung ausgestattet gewesen.

Wenig später, im März 1963, entstanden einige rechtsgesteuerte Chassis für den Rennsport. Bevor die Wahl zwischen Rechts- und Linkslenkung in der Serie angeboten wurde, waren nur zwei Exemplare mit Rechtslenkung gebaut worden, nämlich die Chassis 2130 und 2131 mit Codierung CS, was bedeutete, daß diese für den Inlandsmarkt gedacht waren. Diese rechtsgesteuerten Exemplare waren die ersten echten, ab Werk gelieferten Rennsportwagen. Shelby hatte in Kalifornien einige zu diesem Zweck umgerüstet (für die Rennstrecken — im Uhrzeigersinn —, eigneten sich Autos mit Rechtslenkung besser), das Werk hatte allerdings damit nichts zu tun.

Der Cobra mit dem größeren 4,7-Liter-Motor, dem 289er, wird oft als Mark II bezeichnet, ist aber eigentlich nur eine Weiterentwicklung des blattgefederten Modells, das zuerst den größeren Motor bekam und dann die Zahnstangen-

Ein wundervoll restaurierter 289, seine Fahrgestell-Nummer CSX 2503 weist ihn als späten Cobra aus. Er hat im Juli 1964 Thames Ditton verlassen. Die schwarz/rote Farbgebung war ziemlich ungewöhnlich und wurde nicht oft verlangt, wirkt aber ungeheuer attraktiv. Unten: Dieses Cockpit hatten alle für die USA bestimmten Cobra ab der Fahrgestll-Nummer CSX 2201. Die Rundinstrumente stammten von Stewart-Warner, mit Ausnahme der ziemlich futuristischen Uhr (ganz unten), die lieferte der Ford Galaxie. Die Lenkrad-Nabe der CSX-Cobra trug entweder das traditionsreiche AC-Logo, wie hier, oder das Cobra-Motiv.

Das zeitgenössische Shelby-Pressefoto zeigt oben einen serienmäßigen 289 mit Weißwandreifen neben einem FIA-Roadster. Schon auf den ersten Blick erkennbar: Sidepipes, Kotflügelverbreiterungen und die verkürzten Türen (»cut-back«). Renn-Cobra trugen üblicherweise die Startnummer 98.
Unten der Cobra 289 von hinten: Obwohl in der Presse heftig geschmäht, machte das Mützchen gar keine so schlechte Figur: Optik und Funktionalität stimmten.

lenkung erhielt. Das Werk verwendete nie die Bezeichnungen Mark I oder II und ich kann mich auch beim besten Willen nicht daran erinnern, daß Carroll Shelby das getan hätte. Etwa um diese Zeit hatten die Mitarbeiter von AC endlich bemerkt, daß sie die ganze Zeit Carroll Shelbys Namen falsch geschrieben hatten. Mit der Auslieferung von Nummer CSX 2120 wurde als Empfänger in den Werksannalen »Caroll« Shelby angegeben, schon besser als der Mädchenname »Carol«, aber immer noch nicht korrekt. Erst mit der Nummer CSX 2143, die an Carroll Shelby ging, klappte es.

Mit der neuen Lenkung und dem größeren Motor war das Paket nun korrekt geschnürt, jetzt konnte AC häufiger regelmäßige Lieferungen über den Atlantik verbuchen. Die überwiegende Mehrzahl ging an Shelby am 1042 Princeton Drive in Venice, Kalifornien. Nur 14 der 460 blattgefederten Cobra ging an die Ostküste. Die meisten Rennversionen entstammen der gleichen Nummernserie. Direkt nach den zwei rechtsgelenkten Cobra folgten drei Le-Mans-Replikas (CSX 2136, CSX 2137 und CSX 2138)

Zwei Fotos sowie die begleitende Anzeige für den »Cobra Caravan« Shelbys Showtruck, eine ideale Promotion für Wagen wie auch die Rennfahrer-Fahrschule. Miss Mernone sitzt allerdings im 289.

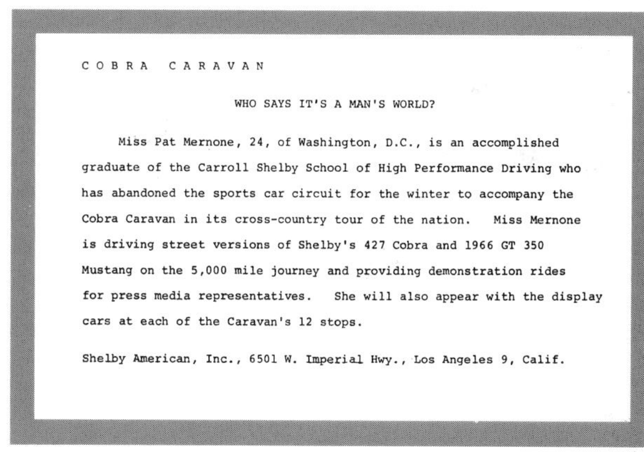

C O B R A   C A R A V A N

WHO SAYS IT'S A MAN'S WORLD?

Miss Pat Mernone, 24, of Washington, D.C., is an accomplished graduate of the Carroll Shelby School of High Performance Driving who has abandoned the sports car circuit for the winter to accompany the Cobra Caravan in its cross-country tour of the nation. Miss Mernone is driving street versions of Shelby's 427 Cobra and 1966 GT 350 Mustang on the 5,000 mile journey and providing demonstration rides for press media representatives. She will also appear with the display cars at each of the Caravan's 12 stops.

Shelby American, Inc., 6501 W. Imperial Hwy., Los Angeles 9, Calif.

und danach der rechtsgelenkte Le Mans (CSX 2142) für Ed Hugas. Sogar die Chassis für die Daytona Coupés kamen aus dieser Fahrgestellserie.
Wie von Ford geliefert, hatte der 289 High Performance Motor der Straßen-Cobra eine Verdichtung von 11,6:1 und sollte 271 PS bei 6000 Umdrehungen liefern, mit einem Drehmoment von 431 Nm bei 3400 Touren — und das alles in einem Auto, das nur knapp über 500 Kilo wog. Sogar *Road & Track*, die diesmal einen womöglich langsameren Wagen gefunden hatte, oder realistischere Zahlen als beim ersten Cobra 1962 ermittelte, berichtete von einer Spitze von 223 km/h und einer Beschleunigung über die Viertelmeile (0 bis 400 m) von 14,0 Sekunden. Mit Fords Autolite Vierfach-Vergaser schluckte er 20 bis 29 Kilometer auf eine amerikanische Gallone (4,4 Liter) — mit anderen Worten 20 bis 30 Liter Verbrauch auf 100 Kilometer!
Für die Kraftübertragung bei allen blattgefederten Cobra, mit der Ausnahme einiger frühen 260-Versionen mit Ford-Getriebe, sorgte ein Borg Warner T10. Dieses Getriebe in Leichtbauweise fand sich auch im Shelby Mustang. Es hatte ein Alugehäuse und war sehr leicht. Im Renneinsatz stellte es sich allerdings als etwas spröde heraus, heute sind viele 260 und 289 Cobra mit Fords Two-loader ausgestattet, einem Räderwerk, das ursprünglich nur für den 427 Motor vorgesehen war.

Unter das Blech geschaut: Cobra 289 vom Juli 1964: Seit Chassis-Nummer CSX 2201 hatte die US-Ausführung einen Alternator; die Blattfedern vorn wie hinten waren mit braunem Band umwickelt. Die Kotflügel-Innenseite ist dort, wo das Federpaket durchführt, mit ziemlich provisorisch wirkendem Gummi (das aufgenietet ist) verkleidet. Unten: So wie in diesem Kofferraum sah es im Cobra-Heckabteil normalerweise immer aus; das Ersatzrad liegt in einer Kunststoff-Mulde.

Die Karosserien gab es in zwei Ausführungen. Alle 260er und 289er bis Fahrgestellnummer CSX 2160 hatten kleine, flache Kotflügellippen und verzichteten auf die Lufteinlässe auf den vorderen Kotflügeln. Die allerersten Exemplare waren mit Nachrüst-Stoßstangenhörnern ausgestattet, der gleichen Art, wie bei Rover, Aston Martin und frühen 2.6 Ace verwendet wurden. Sie blieben allen nachfolgenden Cobra erhalten.

Als die Felgen von 5 1/2-Zoll auf 6 Zoll wuchsen (ab Fahrgestellnummer CSX 2160), vergrößerten sich auch die Kotflügellippen, und jetzt öffneten sich auch die Entlüftungsschlitze in den vorderen Kotflügeln. Zunächst war die Haube mit Schnellverschlüssen verriegelt, wie bei allen Ace, nach einer Weile kamen verchromte Griffe.
Die Instrumentierung der frühen Wagen kam direkt aus dem 2.6 Ace. Nur der Drehzahlmesser war amerikanischer

Zum Serienanlauf des Cobra 289 im Blattfedern und Rechtslenkung erschien 1964 dieser nicht besonders professionell aufgemachte, vierseitige Prospekt.

Herkunft. Später folgte ein 4 Zoll großer Tachometer (früher 5 Zoll), der meist zusammen mit einem Rotunda-Drehzahlmesser eingesetzt wurde. Einige Autos zwischen CSX 2130 und CSX 2200 hatten Sun-Drehzahlmesser. Ab dann kamen Stewart Warner-Instrumente zum Einsatz, abgesehen von der Uhr. Diese furchtbare Anordnung war aus dem Ford Galaxie übernommen worden.

Und wie war dieses Monster zu fahren? Überraschend unspektakulär, die Bestie scheint ein sanftes, nachgiebiges Tier zu sein, das ohne durchdrehende Räder, ohne ständige Lenkkorrekturen manövriert werden kann. Der langhubige V8-Motor marschiert mit großen Schritten zum nächsten Gang und schüttelt die Leistung mühelos aus der Kurbelwelle. Die Ruhe ist trügerisch und verleitet den Fahrer oft dazu, mit viel zu hoher Geschwindigkeit unterwegs zu sein. Schnell auftauchende Kurven werden ihn allzuoft überraschen. Tritt der Fahrer dann gefühlvoll in die Eisen, vermeidet hektisches Kurbeln am Volant und behandelt den Wagen mit dem ihm zustehenden Respekt, folgen keine weitere Überraschungen. Er hat eine sichere Straßenlage, bremst gut und sicher und ist — trotz seiner brachialen Leistung — sehr gut zu fahren. Wer aber respektlos mit ihm herumspielt, muß ein verdammt guter Fahrer sein. Wenn nicht, hat er entweder nasse Unterwäsche oder — im schlimmsten Fall — schlechte Karten, ein mehr oder minder eleganter Abgang von der Straße ist unvermeidlich.

Eine Legende mag der Cobra heute sein, aber seinerzeit verkaufte er sich nie in großen Stückzahlen. AC konnte die Nachfrage mühelos und ohne Kapazitätsprobleme befriedigen. Ende 1964 ging Carroll Shelby an die Weiterentwicklung der Mark II-Serie. Der letzte blattgefederte Cobra CSX 2589 verließ das Werk am 20. November.

Die Rückseite des britischen Verkaufsprospektes zeigt den Cobra mit Fiberglas-Hardtop, das untere Inserat nennt den Liefertermin der Rechtslenker: September 1964.

Die europäischen Blattfeder-Cobra

Die Herstellung für die europäischen Märkte lief sehr viel später an als die für den amerikanischen Markt. Ein 260er mit Fahrwerksnummer CS 2030 wurde jedoch für Demonstrationszwecke mit Rechtslenkung am 9. September 1962 fertiggestellt. Er war rot lackiert und hatte schwarze Innenausstattung.
Erst am 1. Oktober 1963 verließ der erste europäische Wagen das Werk und ging mit Fahrgestellnummer COX 6001 für den Pariser Salon zu Chardonnet, einem französischen Händler. Der zweite Wagen ging aber einen Tag vorher ab, COX 6002, am 30. September, auch er für Chardonnet und die Pariser Ausstellung bestimmt. Chardonnet muß nach der Ausstellung wenigstens noch ein Auto verkauft haben, da der nächste Cobra bereits am 26. November an ihn abging.
Die Chassisnummern waren für europäische Autos völlig unterschiedlich. Die amerikanischen hatten das Präfix CSX (nur die Handvoll rechtsgelenkten hatten CS) und waren ab 2000 numeriert. Die europäischen hießen COX (linksgelenkt)und COB (Rechtslenkung); ihr Nummernkreis fing bei 6000 an.
Der erste rechtsgelenkte Cobra, abgesehen von den CS-Einzelstücken, war der COB 6004. Dieses Auto ist seit Jahren im Besitz von Lord Cross, der diesen Wagen fast im Neuzustand kaufte. Seitdem hat

Der Testwagen von *Autocar* vom September 1965: Von Null auf 60 mph (96 km/h) in 5,5 s, die Viertelmeile in 13,9 s und eine Höchstgeschwindigkeit von 138 mph (221 km/h) — nicht schlecht, allerdings wohl kaum auf diesem idyllischen Landsträßchen herausgefahren...

dieser Cobra aktives Leben geführt, nicht zuletzt auf der Rennstrecke.

Da sie erst Ende 1963 erschienen, sind alle europäische Cobra, mit Ausnahme des Demowagens CS 2030, Typ 289, mit Zahnstangenlenkung ausgestattet. Komischerweise war der genannte Prototyp dieser Reihe nicht der erste in der Serie, das war der COB 6005. Er blieb im Werk und wurde erst November 1965 verkauft.

In Anbetracht des Kultes, der sich in den 35 Jahren um den Cobra entwickelte, ist es mehr als erstaunlich, wie wenige tatsächlich in Europa verkauft wurden. Im erfolgreichsten Jahr, 1964, wurden von diesen ersten blattgefederten Cobra in Großbritannien 31 Stück verkauft, in das restliche Europa gelangten nur sechs — vier gingen in die Schweiz und zwei nach Frankreich. Eine viel höhere Zahl gelangte, Jahrzehnte später, über den Atlantik zurück...

Abgesehen von der Smiths-Instrumentierung (und der Rechtslenkung) waren die europäischen Versionen mit den amerikanischen identisch, abgesehen vom Emblem. Auf der Haube hatten die CSX ein Cobra-Emblem, die COB und COX dagegen hatten ein großes, verchromtes AC am gleichen Platz.

Die Zeitschrift *Autocar* veröffentlichte am 12. November 1965 einen Test von Ken Rudds privatem Cobra. Man gab sich aber in der Berichterstattung, typisch für dieses Blatt, sehr zurückhaltend. Dem Testfahrer gelang es, 222 km/h Spitze zu erreichen und er beschleunigte von Null auf 96 km/h (60 mph) in 5,5 Sekunden, auf 128 km/h (80 mph) in 8,9 und auf volle 100 mph (160,9 km/h) in 14 Sekunden. Die Viertelmeile legte er in 13,9 Sekunden zurück. Diese Zahlen entsprachen den von *Road & Track* 1964 mit einem ähnlichen Modell ermittelten Werten, abgesehen von der Höchstgeschwindigkeit, die um eine Meile niedriger ausgefallen war. *Autocar* kam auf einen Verbrauch von 15,1 Meilen pro britischer Gallone, das heißt ‚der Wagen lief 24 Kilometer mit 4,54 Litern Benzin

— umgerechnet über 18 Liter auf 100 Kilometer.
Die Einzelradaufhängung hinten verleihe dem Wagen eine bessere Haftung, schrieb die Zeitung, was sich bei den Beschleunigungstests, wo es nur leicht durchdrehende Räder gegeben habe, bemerkbar gemacht habe. Der Schreiber war begeistert, mit kaum einem Wagen ließ sich so durch die Kurven driften, doch bei Nässe sei höchste Vorsicht angeraten. Die Bremsen packten kraftvoll zu, verlangten aber, wie der Journalist schreibt, viel Kraft. Negative Bemerkungen galten der nicht besonders ausgereiften Heizungs- und Belüftungsanlage, dem windigen Verdeck und den fehlenden Türgriffe auf der Außenseite (der Wagen konnte nicht abgeschlossen werden). Der Test endete dennoch mit einem sehr positiven Fazit:
"Zweifelsohne ist der Cobra eine sehr begeisternde Fahrmaschine. Sogar das Mitfahren macht Spaß. Die Beschleunigung ist sensationell und erinnert an den Start in einem Propellerflugzeug mit offenem Cockpit. Hier wie dort wurde auf nahezu allen Komfort verzichtet, was

Die klaren Linien kommen auf dieser Aufnahme noch besser zur Geltung. Bei dem Wagen handelt es sich um die Nummer COB 6020 vom November 1964.

zählt, ist die Leistung. In den meisten Fällen ist das auch annehmbar, in einigen nicht. Es ist ein Schönwetter-Auto für blaue Himmel, offene Straßen und ein Leben abseits des Alltags. Sein Zauber liegt in seiner Fähigkeit, Begeisterung auch auf einem Kurztrip am Sonntagmorgen zu wecken, doch zum größten Teil ist es dieser unglaubliche Schub, der nach vorne treibt, dieses Übermaß an Kraft, von der immer mehr als nötig zur Verfügung steht.«
Der Testfahrer hat es beinahe gefaßt. In meinen schönsten Erinnerungen wedelt ein — natürlich offener — Cobra in knisternder, sternklarer Nacht über winklige englische Landstraßen. Dabei blubbert der V8 im der höchsten Gang und das heisere Röhren des Auspuffs bricht sich an den Hecken am Straßenrand. Und dann diese herrliche Zufriedenheit, das Ziel zu erreichen und von Wind und Wetter verprügelt und naß geworden zu sein. Ein Klingeln

Instrumente von Smith wurden sowohl in Autos mit COB- wie auch COX-Präfix verwendet. Die Haubenverriegelung sah dann so aus (unten), frühe Cobra hatten T-förmige Verschlüsse. Zwei frühe Versionen des Cobra-Emblems: das »Shelby-Cobra«-Logo wurde bei Fahrzeugen bis zur Nummer CSX 2054 verwendet, die sich aufrichtende Cobra schmückte einige der folgenden CSX sowie die ersten COB-/COX-Versionen. Später wurde eine modifizierte Cobra-Variante entworfen und bei allen Cobra, sowohl bei den Typen 289 wie auch den 427, angebracht.

in den Ohren, im Kopf das Bewußtsein, daß das womöglich gefährlich hätte werden können — und im Herzen die tiefe Befriedigung, daß man heil ankam.
Der europäische blattgefederte Cobra überlebte seine amerikanischen Verwandtschaft (jene schied Ende 1964 aus der Produktion) um 15 Autos 1965 und zwei weitere 1966, eins im Februar (COB 6054) und eins im Juli (COB 6055). Aus irgendeinem Grund tanzten diese beiden aus der Reihe, da die höchste Nummer in der Europa-Serie COX 6062 war. Dieser Wagen verließ das Werk am 3. Mai 1965, (hellblau mit grauer Innenausstattung) und ging an den Schweizer Importeur Hubert Patthey. Diese Europa-Baureihe umfaßte nur 60 Autos mit COB- wie auch COX -Fahrgestellnummern.

Rennen in den USA

Phil Hill (oben) 1963 während der 12 Stunden von Sebring. Fünf Werks-Cobra wurden eingesetzt, Hill war auf Rang drei in der GT-Wertung und auf Rang elf im Gesamtklassement. Ken Miles übernahm Wagen Nr. 12 anstelle des gemeldeten Copiloten Lew Spencer, während Hill Dan Gurney (oben) auf der Nummer 15 ablöste, nachdem dieser zwei Stunden an der Box mit Reparaturen an Lenkung und Getriebe verloren hatte.

Bei der Vorgeschichte der Marke AC, mit der gewaltigen Leistung und mit Carroll Shelby als geistigem Vater war es unvermeidlich, daß der Cobra den Weg zur Rennstrecke fand. Sogar noch bevor die regelmäßigen Lieferungen angefangen hatten, wurde ein Exemplar mit Chassisnummer CSX 2002 für Rennen präpariert.

Die Vorarbeiten führte Phil Remington durch. Er war dabei, als Shelby das alte Scarab Werk übernahm. Die technischen Modifikationen waren minimal und beschränkten sich auf die Verwendung eines anderen Magnetzünders von Spalding (Typ » Flamethrower«) und die Entfernung des Luftfilters. Die Karosserie erhielt zusätzliche Lufteinlaßkanäle zur Kühlung der Vorderbremsen, zwei kleine Luftschlitze unter dem Haupteinlaß zur zusätzlichen Kühlung des Motorenraums. Neu war auch die Lufthutze auf der Haube, dazu kamen fünf Reihen Auslaßschlitze weiter hinten, auch diese dienten ausschließlich zur besseren Belüftung des Motorenraumes. Die große Windschutzscheibe wurde durch eine gewölbte aus Perspex ersetzt. Der Cobra erhielt

Ein Mitglied von Shelbys Rennteam, Ralph Falconer, bei der Arbeit an einem 289er Motor.

dann den obligatorischen Überrollbügel (entsprechend dem SCCA-Reglement) sowie Goodyear-Rennreifen. Im Spätsommer 1962 führte Pete Brock mehrere Tests durch. Shelby hatte ihn als Instruktor für seine Rennschule angeheuert, ihn aber dann zum Cobra-Projekt beordert. Zu seiner Enttäuschung durfte Brock den Wagen beim ersten Rennen nicht fahren. Gut genug wäre er, Shelby meinte aber, ihm fehle zum richtig guten Rennfahrer der letzte Biß. Statt dessen durfte Billy Krause, ein Newcomer, aber immer besser und halbprofessioneller Rennfahrer, ans Cobra-Volant.

Seinen Einstand feierte das neue Team bei einem 3-Stunden-Rennen im Rahmenprogramm zum *Los Angeles Times* Grand Prix auf der Riverside am 13. Oktober 1962. Es war eigentlich ein Wunder, daß der Cobra teilnehmen durfte, da die SCCA für den Start in einer der Produktionsklassen eine Mindestzahl produzierter Autos verlangte — und dies war schließlich erst der dritte Cobra, der je gebaut worden war. Für Shelby wurde aber eine Ausnahme gemacht, da Chevrolet den neuen Sting Ray mit 327er-Motor präsentieren wollte. Dieses Auto war erst im Monat zuvor vorgestellt worden und ebenfalls noch nicht homologiert. Also gingen Ford wie Chevrolet außer Konkurrenz ins Rennen: das war gut für die Zuschauerzahlen und komplettierte das Starterfeld — nur daß es keine Meisterschaftspunkte gab.

Nach dem Start schlug sich der Cobra mit einem Rudel von Sting Ray herum, am Ende der ersten Stunde lag er meilenweit in Führung. Shelby und seine Mannschaft müssen wohl vor Freude beinahe aus dem Häuschen gewesen sein, doch dann gab es einen Defekt an einem der Hinterräder, zur Erleichterung aller Sting-Ray-Piloten, die nun den Sieg unter sich ausmachen konnten. Doug Hooper konnte gewinnen, die übrigen Sting Ray belegten die folgenden Plätze, doch die eigentliche Sensation war der Cobra-Auftritt: Shelby hatte General Motors herausgefordert und dabei wenigstens einen moralischen Sieg gewonnen. Den Anblick dieses kleinen Roadsters, der die großen Sting Ray in Schach hielt, sollten die Zuschauer nicht so schnell vergessen: David gegen Goliath, wobei allerdings übersehen wurde, daß der zierliche Cobra nicht zuletzt wegen seiner Statur viel eher zum Rennwagen geboren war als die komfortablen Sting Ray. Doch das tat dem Cobra-Ruhm keinen Abbruch.

Noch ein Rennen, oder eher eine Rennserie, wurde in dem Jahr bestritten — die Nassau Speed Week auf den Bahamas im Dezember. Die Veranstaltung war vom legendären Captain Crise ins Leben gerufen worden und auf einer furchtbaren Strecke am alten Flugplatz Oakes, am Rande der Hauptstadt, ausgetragen. Die Teams wußten, wie schwierig diese Strecke war, genossen andererseits aber auch die Unterbrechung der langen Winterpause. Die Veranstaltung war zu der Zeit ein Mekka in der Rennszene und fand sehr viel Publizität. Shelby fand zweifellos auch die kostenlose Anmeldung, Reise und Unterkunft interessant und schickte zwei Autos — CSX 2002 und 2011 — auf die Bahamas. Der erste Wagen lief unter Shelby, den zweite hatte Holman & Moody gemeldet, die Stock Car Abteilung von Ford unter Leitung von Shelbys Gönner Dave Evans. Auch der zweite Wagen war von Shelby präpariert worden, jedoch mit weniger Aufwand. Ihm fehlten die Einlässe auf der Haube sowie die Auslaßschlitze, er hatte nur die zusätzliche Kühlluftschlitze für die Bremsen. Phil Remington hatte nach dem ersten Renneinsatz zwei Monate zuvor die Hinterradbolzen verstärkt. Die Hoffnungen waren groß, sofern die Autos nur die derben Schläge des holprigen Fahrbahnbelags wegstecken konnten...

Im ersten Lauf der GT-Autos führte Krause wieder, bis erneut ein Teil brach, diesmal an der Lenkung. Das Holman & Moody-Auto, von John Eberly gefahren, war nicht so schnell und hielt nur die ersten zwei Tage mit, bis das kleine Team entschloß, sich auf das schnellere Auto zu konzentrieren, statt zu versuchen, zwei auseinanderfallende Autos im Stand zu halten. Chefmechaniker Don Pike war

vor dem letzten Rennen, dem dreistündigen Trophy Rennen für GT-Wagen und Prototypen, ganz zuversichtlich. Er hatte in den letzten Tagen rund um die Uhr alle gefährdeten Stellen repariert oder verstärkt, Teile ausgetauscht und jede Menge Schwachstellen beseitigt.
In diesem offenen Rennen konnte Krause den Ferrari und anderen Rennwagen Paroli bieten und alle GT-Konkurrenten hinter sich lassen. Nach anderthalb Stunden lag er gut im Rennen, als die beiden Tanks (der zweite war extra für dieses Rennen eingebaut worden) leer waren und er an die Box mußte. Carroll Shelby höchstpersönlich schleppte die Kanister bei und schüttete sie ein, während Don Pike unter der Haube am Motor schraubte. Ohne einen Platz verloren zu haben, nahm Krause das Rennen wieder auf. Eine dreiviertel Stunde später hatte Krause sogar einige Plätze gutgemacht und wäre womöglich für den Sieg in Frage gekommen, als dann der Wagen nicht mehr auftauchte. Er stand mit leerem Tank auf der Rückseite der Rennstrecke. Der arme Shelby hatte selber Schuld: In der Aufregung hatte er zu hastig getankt und die Luft in der Leitung zwischen den beiden Tanks nicht entweichen lassen. Der Wagen war mit halbvollen Tanks zurück auf die Strecke geschickt worden.
Sieg hin oder her, der Cobra hatte ein starkes Rennen geliefert. Als Shelby nach Hause kam, war sein Ruhm nie größer gewesen: Händler- und Kundenanfragen stapelten sich auf seinem Schreibtisch.
Kurze Zeit später lotste Chevrolet mit Hilfe von vielen grünen Dollarscheinen Krause in das Sting-Ray-Cockpit. Leider stellte Chevrolet dann das Rennprogramm ein und Krause stand ohne Arbeit da. Seinen Sitz bei Shelby hatte der junge Dave MacDonald übernommen. Dieser hatte sich rasch einen Namen gemacht und war wegen seines ungestümen und dennoch effektiven Fahrstils bekannt.
Kurz danach holte Shelby einen zweiten Fahrer ins Team, den gerissenen Ken Miles, der auch sehr viel Erfahrung in Technik und Entwicklung mitbrachte.
Der erste Sieg folgte im Januar 1963 bei einem kleinen Rennen auf der Riverside-Rennstrecke. MacDonald führte bis zur Ziellinie, kurz vor Ken Miles, der eine Zwischenstopp an der Box eingelegt hatte um etwas zu trinken. Danach ging er wieder auf die Strecke, schloß sich dann der Corvette-Armada an, schnupfte sie alle auf und setzte sich dann schön hinter MacDonald...
Shelby hatte aber größere Sachen vor, und meldete drei Autos für die Daytona Continental 1963, eines der ersten Rennen im GT-Kalender der FIA. Die Fahrer hießen Dave MacDonald, Skip Hudson und Dave Gurney, ein Gesamtsieg war aber nicht denkbar. Jetzt spielte das Team in einer ganz anderen Liga, zu den Gegnern gehörte unter anderem der mächtige Ferrari 250 GTO.
Das Shelby Team dürfte wohl am meisten überrascht gewesen sein, als sich der völlige Outsider Hudson in seinem Cobra mit dem Ferrari-Piloten Pedro Rodriguez an der Spitze des Feldes ständig abwechselte, bis sich das Schwungrad des V8-Motors in der 54. Runde wie ein Geschoß verabschiedete. Der dadurch verletzte Hudson verlor die Kontrolle über den Wagen und crashte. Gurney, der nach einem Motorwechsel aus den hinteren Rängen gestartet war, arbeitete sich durchs Feld hoch, bis die Zündung versagte. Übrig blieb MacDonald, und er brachte den einzig überlebenden Cobra auf einen vierten Platz.
Bald sollte der 289er Motor folgen. Im Rahmen des Testprogramms landeten Ken Miles und Dave MacDonald mit zwei solcherart motorisierten Cobra in einem unbedeutenden SCCA-Rennen auf den ersten zwei Plätzen.
Die nächste FIA-Veranstaltung waren die 12 Stunden von Sebring. Dafür präparierte Shelby fünf Autos, vier für sein Team und eins für Holman & Moody. Man konzentrierte sich auf drei Autos, für die MacDonalds/Roberts, Gurney/Hill und Miles/Spencer vorgesehen waren. Die beiden übrigen Cobra waren seriennäher. Für die Cobra-Flotte war Sebring kein gutes Pflaster. Der Wagen von Miles/Spencer blieb mit defekter Lenkung auf der Strecke stehen und MacDonalds/Roberts fielen mit defekter Öldichtung im Differential aus. Das Auto von Gurney/Hill hatte Probleme mit überhitzten Bremsen und der Elektrik, hielt aber bis zum Schluß durch und belegte einen elften Platz im Gesamtklassement und wurde Sieger in der großen GT-Klasse.
Die SCCA hatte mit der USRRC (United States Road Racing Championship) gerade eine neue Rennserie

Bob Johson gewann 1963 den SCCA-Titel in der Kategorie A. Im Lauf der Saison wurde dieser Wagen mit Lufteinlaßschlitzen in den Kotflügeln versehen, wie sie auch die serienmäßigen Cobra hatten.

eingeführt. Shelby beteiligte sich, neben den SCCA-Läufen in der Klasse A, auch an dieser neuen Serie. Die drei offiziellen Autos (Bob Holbert gehörte jetzt als neuer Fahrer zum Team) sollten sich auf die URSSC konzentrieren, die SCCA-Läufe war Sache von Privatfahrern, die gelegentlich von Shelbys Fahrern unterstützt wurden. Die Privatiers — Bob Johnson, Dan Gerber, Ed Leslie und Tom Payne — waren alle wohlhabende Geschäftsleute und, mit einer Ausnahme, ehemalige Corvette-Piloten.

Wer an die Erfolge des Ace Bristol in der amerikanischen SCCA dachte, hätte eigentlich erwartet, daß der Cobra auf Anhieb gut abschneiden würde — doch weit gefehlt: Die Werksautos fielen im ersten Lauf von Pensacola in Florida mit überhitztem Endantrieb aus, und die Privatiers hatten nicht viel mehr Glück. Danach lief es besser, Johnson brachte zwei Siege hintereinander in Cumberland und Bridgehampton heim. In Laguna Seca hatten die Teamautos wieder Probleme mit überhitztem Endantrieb, MacDonald konnte aber ein Qualifikationsrennen gewinnen. Für das Finalrennen waren aber die Mechaniker vorbereitet und montierten Ölkühler vor das Differential — und die Cobra kamen auf den Rängen eins, zwei und vier ins Ziel. Von da an waren sie, privat oder offiziell, nahezu unschlagbar, auch gegen die großen Chevrolet Sting Ray Grand Sports, die gelegentlich in der großen Modified-Klasse mitfuhren. Ende der Saison hatte Cobra die Fahrer- und Hersteller-Titel in der USRRC gewonnen sowie auch die SCCA Klasse A-Serie.

Zum Jahresabschluß beteiligte sich das Werksteam im September an dem unter FIA-Reglement ausgetragenen 500-Meilen-Rennen in Bridgehampton. Holbert, Gurney und Miles waren die Fahrer, Dan Gurney bescherte dem Cobra-Team den ersten Sieg in der FIA GT-Klasse. Holberts Motor hielt die Distanz nicht durch, doch Miles fuhr seinen Roadster auf den zweiten Platz in der GT-Klasse.

Ganz so reibungslos ging es allerdings nicht weiter und in Nassau konnte Chevrolet Revanche nehmen. In Detroit bereitete man sich gründlich darauf vor und baute drei Renn-Sting Ray »Grand Sport« neu auf, installierte 500 PS starke Motoren und verwendete leichte Gitterrohrrahmen. Das Team des texanischen Ölmillionärs John Mecom meldete die drei Über-Corvette, sie fuhren das Cobra-Team in Grund und Boden, oder besser: stampften sie in den sich auflösenden Asphalt der provisorischen Rennstrecke. Es war eine bittere Pille zum Saisonende, da

Der große Ken Miles — ausgebuffter Rennfahrer, begnadeter Ingenieur, von Geburt Engländer und sowie schon deshalb der Marke AC besonders verbunden. Nach seinem Abflug beim Training zu den 12 Stunden von Sebring legten er und seine Mechaniker eine anstrengende Nachtschicht ein, um den Cobra fürs Rennen wieder fit zu machen. Im Jahr zuvor war der Photograph Charles Justus Wick in Watkins Glen Zeuge einer Miles-Gala gewesen: »66 Runden, Gesamtzweiter; 82 Runden, Gesamtdritter, und das alles am gleichen Nachmittag — ein Mann aus Eisen.«

aber die Rennwoche auf den Bahamas zu keiner Meisterschaft zählte, hatte sie keine Konsequenzen. Und außerdem waren die früheren Erfolge groß genug, um auch diese Niederlage zu überschatten.

In Nassau sah man auch jene Wagen, die später als King Cobra bekannt werden sollten. Im Sommer 1963 hatte Shelby ein Abkommen mit der Cooper Car Company getroffen und einige heckmotorisierte Rennsportwagen gekauft. Angetrieben hatte sie ursprünglich der 2,5-Liter-Coventry-Climax, Shelby versah sie mit dem Ford 289-V8 aus dem Cobra. Das funktionierte tatsächlich mit Hilfe einer Colotti Transaxle und verstärktem Rahmen. Der früher so schnelle Wagen wurde jetzt superschnell. Im ersten wichtigen Rennen, dem *Los Angeles Times* Grand Prix auf der Riverside, siegte MacDonald mit über einer Runde Vorsprung. Etwas Glück spielte dabei mit, als der schnellere Chaparral von Jim Hall, in Führung liegend, nach einem elektrischen defekt völlig ausbrannte. Obwohl die King Cobra von Carroll Shelby eingesetzt wurden, gehören sie, streng genommen, nicht zur Cobra-Geschichte. Diese Wagen und ihre Konkurrenten sind das Vorspiel der CanAm-Ära.

Das Rennprogramm sah für 1964 ähnlich wie das des Vorjahres aus, mit dem einzigen Unterschied, daß die SCCA Klasse A in mehrere regionale Meisterschaften unterteilt wurde. Zum Finale traf man sich dann im

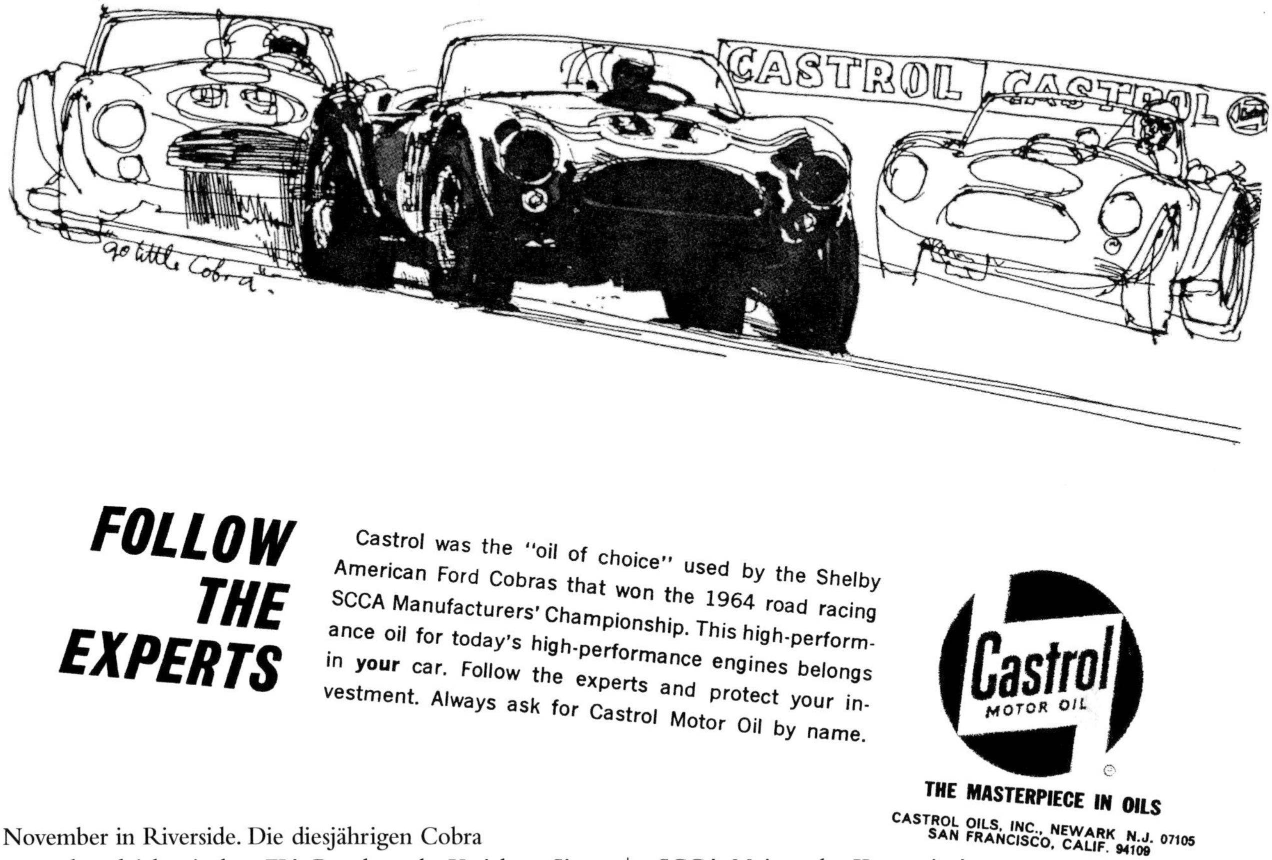

November in Riverside. Die diesjährigen Cobra waren baugleich mit dem FIA-Roadster des Vorjahres. Sie hatten breitere Kotflügellippen, die in einem Flügel weiter bis zur Tür reichten. Die Türen waren aus diesem Grund nicht so lang und heißen »cut back doors« in der Cobra-Terminologie. Jedes Auto hatte die Lufthutze auf der Haube, große, innenbelüftete Bremsen und Magnesiumfelgen mit Zentralverschluß. Dank der vierfachen Weber-Vergaser leisteten sie fast 400 PS, was ihnen, zusammen mit einigen anderen Modifikationen, den Ruf eintrug, die ultimativen Cobra in Sachen Handling, Schnelligkeit und Zuverlässigkeit bei Renntempo zu sein.
Das Team, mit dem Shelby 1964 sowohl die USRRC als auch die SCCA-Läufe bestreiten wollte, bestand im wesentlichen aus Ken Miles, Bob Johnson, Ed Leslie und Ronnie Bucknum, unterstützt von Privatfahrern wie Chuck Parsons und Lew Spencer. Bob Holbert und Dave MacDonald wären nach ihren erfolgreichen Auftritten in Daytona und Sebring auch denkbar gewesen, oder hätten sich auch für einen Einsatz in Europa empfohlen. Leider hatte Holbert einen schweren Unfall in Kent und MacDonald starb in der zweiten Runde bei den Indy 500, als sein Auto in einem Feuerball explodierte.
Trotz des Engagements in der GT-Weltmeisterschaft hatten die Shelby-Roadster keine Probleme, ihre dominierende Position in den USA zu behaupten. Ed Leslie wurde SCCA-Meister der Kategorie A.
In der Saison 1965 durfte der neue Cobra 427 in der Klasse A an den Start gehen, obwohl er von der FIA nicht homologiert worden war. Dafür wurde der 289er in die Klasse B herabgestuft. Die Motorsportbehörde verweigerten aber dem großen Cobra einige Tuningteile wie etwa Weber-Vergaser, die am 289 noch zu finden gewesen waren. Nicht zuletzt deswegen konnten die nach FIA-Reglement aufgebauten 289er oft die größeren 427er auf der Rennstrecke schlagen. In der SCCA-Meisterschaft, wie gesagt, fuhren sie aber in verschiedenen Klassen.
1965 war das letzte Jahr, in dem um die USRRC-Meisterschaft gefahren wurde; ihre Nachfolge trat 1966 die Trans American Sedan Challenge an. Inzwischen waren die Cobra ausgereift und konnten sich 1965 erneut den Titel sichern — zum dritten Mal in Folge, und das schon zur Saisonmitte.
Obwohl das Shelby-Team nur den einen großen 427er einsetzte, stiegen anschließend viele Privatiers auf die großvolumige Cobra um. Von 1965 bis 1968 dominierten sie die Klasse A der SCCA-Serie und gewannen noch einmal 1973 den Titel, sechs Jahre nachdem der letzte Cobra das Werk in Thames Ditton verlassen hatte.

Rennen in Europa

Abgesehen von den Werkswagen, die eingesetzt wurden, um die GT-Weltmeisterschaft in die USA zu holen, wurden Cobra in England oder auf dem europäischen Kontinent nur von privaten Fahrern oder Teams eingesetzt.
Vor dem Produktionsanlauf der blattgefederten Cobra für Europa wurden zwei Wagen aus der amerikanischen Serie (CS 2130 und 2131) auf Rechtslenkung umgebaut, mit entsprechendem Rennequipment versehen und in Europa eingesetzt. Der erste ging an Peter Jopp, erhielt das Kennzeichen 644 PGT und wurde später als einer der John Willment Racing Cobra bekannt. Der zweite, mit Kennzeichen 39 PH, nahm 1963 in Le Mans an den 24 Stunden teil. Sein Sponsor war die britische Zeitung *Sunday Times*, der Manager hieß Stirling Moss, der sich

Der Willment Cobra, Chassis-Nummer CS 2131, zeigt seine Muskeln bei der Goodwood TT im August 1964. Am Steuer sitzt Jack Sears, einer der ganz großen Cobra-Piloten. Gegenüber: Ein Jahr zuvor in Le Mans: Hugas/Joop unterwegs in ihrem Cobra mit aerodynamisch geformten Hardtop brettern durch die Tertre Rouge. Auf der Mulsanne kamen sie auf eine Spitzengeschwindigkeit von 160 mph, 256 km/h.

noch von seinem schweren Unfall erholte. Ein weiterer Cobra mit Chassisnummer CSX 2142 tauchte ebenfalls in diesem Jahr in Le Mans auf. Er wurde von Ed Hugas und Peter Jopp gesteuert.
Beide Le-Mans-Autos hatten 289er Motoren, die eigens aus den USA angeliefert worden waren. Sie verfügten über

LUMIÈRE
EUROPE AUTO
MARTINI
645 CGT
4

Die *Sunday Times* sponsorte 1963 den Le Mans-Einsatz. Links bei einer Pressevorstellung, oben Bolton/Sanderson im Rennen auf ihrem Weg zum siebten Rang. Der »Trichter« vor dem Kühlluft-Einlaß vorn, wie ihn die Renn-Ace hatten und damit eine etwas höhere Geschwindigkeit erzielten, wurde vor Rennbeginn entfernt, weil sie die Kühlleistung herabsetzten.

Ed Hugas´ Cobra im Einsatz — beide Male allerdings vergeblich. In Le Mans (rechts), wo er gerade die Mulsanne-Kurve rundet, in Tuchfühlung mit dem Viertplazierten, einem Ferrari 250GTO, fiel er zur Halbzeit mit Kolbendefekt aus. In Snetterton (unten) war drei Monate später Bob Olthoff unterwegs. Er absolvierte ein Dreistunden-Rennen im vollen Le-Mans-Trimm (wie Positionslichter für Dach und Nummern belegen), kam aber auch nicht ans Ziel.

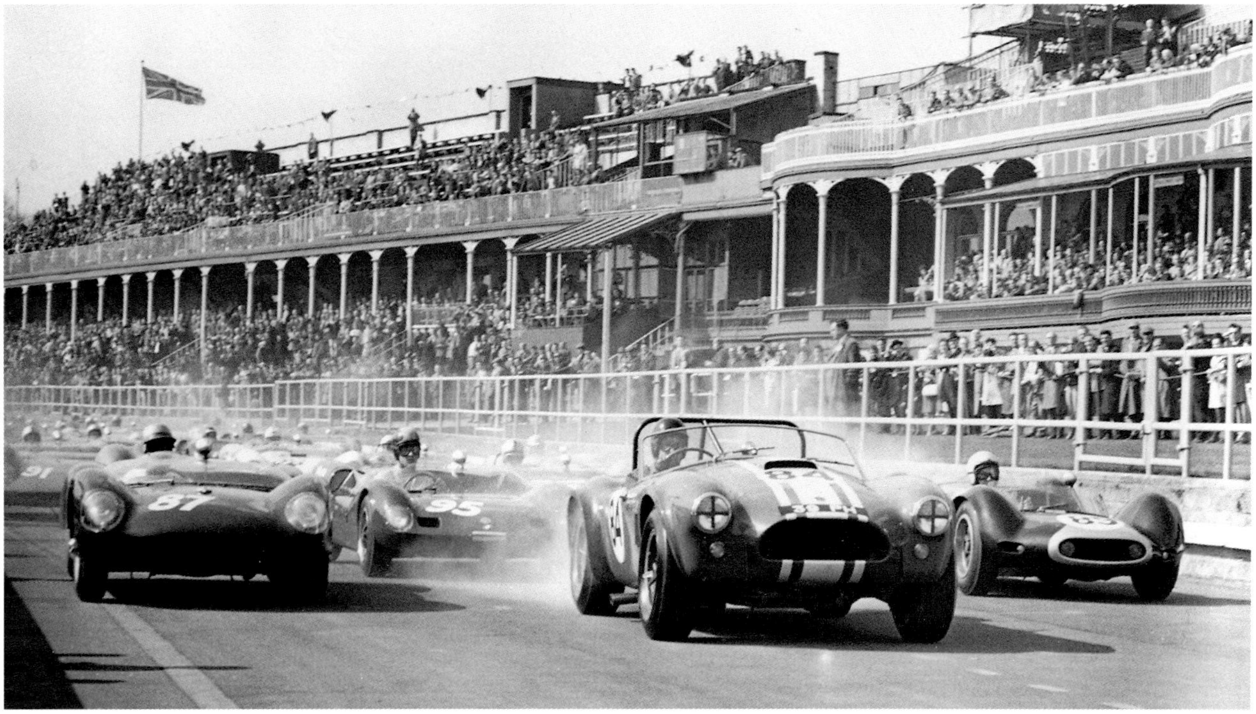

April 1964: Start zu den Aintree 200, dem bekannten Sportwagenrennen. Trotz seines überwältigenden Antritts hatte Sears gegen Bruce McLarens Cooper (rechts) keine Chance und mußte sich mit einem dritten Rang begnügen. Auf kleiner, handlicheren Kursen hatten die modernen Heckmotor-Wagen deutliche Vorteile.

Lufteinlässe auf der Haube und durchbrochene Dunlop-Rennräder, wie sie auch Jaguar am D-Type verwendete und ein Fließheck mit geteilter Heckklappe. Weitere Details waren zusätzliche Kotflügellippen am hinteren Ende des Radkastens und eine überdimensionierte Tankanlage, deren Einfüllstutzen aus dem Dach ragten.
Der mit britischer Unterstützung eingesetzte Cobra wurde im klassischen Renngrün lackiert und von Jack Sears und Peter Bolton (der 1957 und 1958 einen AC in Le Mans an den Start gebracht hatte) gesteuert. Der andere Wagen wurde zum größten Teil von Ed Hugas finanziert. Dieser war ein erfahrener Rennfahrer und Cobra-Händler an der amerikanischen Ostküste. Passenderweise trug dieser Cobra den traditionellen amerikanischen Renndreß, nämlich weiß mit blauen Streifen. Der amerikanische Wagen sammelte einige Rennkilometer vor Le Mans, da Jopp ihn mit voller Langstrecken-Ausrüstung im britischen Snetterton fuhr. Er war mit doppelten Identifikationslichter oberhalb der Windschutzscheibe versehen. Der englische hatte dort nur eines.

Im Rennen mußten Jopp und Hugas, nach halber Distanz an 13ter Stelle liegend, aufgeben: nachdem ein Kolben seinen Dienst aufgekündigt hatte. Der Sears/Bolton-Wagen schaffte aber einen siebten Platz, hinter sechs Ferrari. Sein Durchschnitt betrug 173 km/h und er lief über 265 km/h auf der Mulsanne. Jetzt tauchten bei Insidern so langsam der Gedanke auf, wie es wohl mit einem eigens für die Langstrecke aufgebauten Cobra ausgegangen wäre...
Die beiden rechtsgesteuerten Cobra, einer davon mit Le-Mans-Reputation, wurden später Teil von John Willments JW Automotive Team. Der CS 2130 wurde oft von Bob Olthoff gefahren und es war dieser Wagen, der in der Anfangsphase bei den 1000 Kilometern vom Nürburgring 1964 Feuer fing.
Willment meldete Anfang November 1963 für das 9-Stunden-Rennen von Kyalami in Südafrika, Olthoff war der Fahrer. David Piper gewann mit seinem Ferrari 250GTO, doch Olthoff wurde Zweiter, obwohl er sich während des Rennens nach einer Reifenpanne überschlagen hatte. Irgendwie schaffte er es, den Wagen wieder auf die Räder zu bekommen und ihn dazu zu überzeugen, auf drei Felgen zurück an die Box zu humpeln. Und schließlich prügelte er den qualmenden Haufen ins Ziel. Vor der Ziellinie blieb er stehen, bis die Zielflagge gezeigt wurde. Erst dann kroch er mit den letzten Kräften auf einem zweiten Platz über die Linie...
Dieser Cobra war für die Sportwagenklasse im

Drei Wochen vor Aintree (oben) verursachte Sears beim Oster-Rennen in Goodwood eine kleine Sensation: Sears kämpfte mit Graham Hill im Ferrari GTO um die Führung. Er mußte sich letztendlich mit einem zweiten Platz begnügen. Seine Cobra, vom Team Willment eingesetzt, erhielt nach dem Rennen einen Überrollbügel. Ein anderer, privat gemeldeter Cobra ging bei den 1000 km auf dem Nürburgring an den Start. Nachdem der Wagen von Olthoff/Hawkins in einem frühen Stadium in Flammen aufgegangen war, schafften die beiden noch einen 47. Platz. Das Fehlen jeglicher Brandspuren auf der Haube zeigt, daß dieser Schnappschuß während des Trainings entstand.

Rahmenprogramm zum Rand Grand Prix im Dezember auf der Kyalami wieder fit. Olthoff fuhr einen Willment Galaxie in einem anderen Rennen und Paul Hawkins nahm den Cobra und fuhr der zweitklassigen lokalen Konkurrenz um die Ohren: ein leichter Sieg und deswegen nicht weiter bemerkenswert.

Eines der ersten Rennen des Jahres 1964 war die Oulton Park Trophy für Sportwagen, wo es Sears gelang, in einem Willment Roadster alle Gegner zu schlagen — abgesehen von einem gewissen Jim Clark in einem Lotus 19. Olthoff fuhr den zweiten Willment Cobra beim Pfingstrennen in Goodwood und wurde Dritter, hinter Roy Salvadori in einem Cooper-Maserati und Hugh Dibley in einem Brabham-Climax.

Inzwischen nahm das hauseigene Cobra Coupé, für Le Mans 1964 geplant, Form an. Statt ein Exemplar aus der Produktion zu ziehen, wurde dieses Coupé eigens als Rennprototyp aufgebaut. Es bekam die Chassisnummer A 98. Die Karosserie war von Alan Turner gestylt, sah einfach klasse aus und war ein richtiger GT-Wagen, der nie als Shelby Cobra Coupé durchgehen könnte.

Nach vielen Nachtschichten war das Auto schließlich fertig und bekam am 12. April 1964 das amtliche Kennzeichen BPH 4B. Er ging bereits vor der Lackierung nach Le Mans,

Das sehr ansprechende AC-Coupé, das in Thames Ditton aufgebaut worden war — hier schon mit zerbrochener Scheinwerfer-Abdeckung, was allerdings nur eine Lapalie darstellt wenn man sich vergegenwärtigt, was bei dieser Geschwindigkeit alles hätte passieren können. Das Farbfoto zeigt das Daytona-Coupé der Herren Bondurant/Gurney, die in der GT-Wertung einen Klassensieg feiern durften und in der Gesamtabrechnung auf Rang vier lagen. Unten: Wenn man weiß, daß das Daytona-Coupé nach einem Reifendefekt verunglückte und drei Zuschauer in den Tod riß, wirkt diese Goodyear-Anzeige besonders daneben…

um die Frühjahrstests vor dem Rennen absolvieren zu können, obwohl die Veranstaltung traditionell erst im Juni stattfindet. Auf der Mulsanne ging der Cobra 249 km/h, nur die elftschnellste Zeit und langsamer als die Jaguar E-Type, zum Teil weil der Wagen bei hohem Tempo abheben wollte. Die Schnelligkeit war aber da…

Eine weitere Demonstration des Leistungspotentials fand in den frühen Morgenstunden des 14. Juni 1964 statt, als das Werk mit einem Cobra auf der neuen Motorway M1 in England 297,6 km/h erreichte. Das sorgte natürlich für Aufsehen, zum Teil unerwünscht, und das Transportministerium machte sich Gedanken wegen der

Mehr um die Funktionäre vom französischen Automobile Club de l'Ouest zu beeindrucken als aus irgendwelchen anderen Gründen meldete Shelby 1964 für Le Mans einen nahezu serienmäßigen 289er, der vom französichen Fahrerduo Mortemart/Magne gesteuert wurde. Die beiden leisteten sich keinen Patzer und brachten ihren zurückhaltend bewegten Roadster auf Rang 19 ins Ziel.

erreichbaren Geschwindigkeiten auf den neu eröffneten Autobahnen im Lande. In weniger als drei Jahren bekam Großbritannien eine Geschwindigkeitsbegrenzung von 70 mph — 112 km/h.

Als der Wagen zum Rennen nach Le Mans gebracht wurde, weniger als zwei Monate später, trug er die traditionelle grüne Lackierung aller britischer Rennwagen, wie sie zum Beispiel nicht nur AC, sondern auch Aston Martin verwendete. Immer wieder war zu hören, der an AC gelieferte Motor weise ein Leistungsmanko im Vergleich zu den Shelby zur Verfügung gestellten Aggregaten auf, rund 30 PS weniger sollen es gewesen sein im Vergleich zu den angeblichen 385 Pferdestärken der amerikanischen Exemplare. Sei es drum, das britische Coupé hatte eine höhere Übersetzung, eine niedrigere Drehzahlbegrenzung und erreichte trotzdem die gleichen Geschwindigkeiten auf der Mulsanne wie ein Daytona Coupé — 289 km/h. Der Daytona von Jochen Neerpasch und Chris Amon war allerdings genau 10 km/h schneller auf dem gleichen Abschnitt. Sears und Bolton teilten sich wieder das Steuer, letzterer notierte die schnellste Trainingsrunde mit einem Schnitt von etwas über 202 km/h. Er war damit nur wenig langsamer als Gurney, der mit seinem Daytona den schnellsten GT-Wagen steuerte. Sears startete mit dem AC Coupé, erzielte Rundenschnitte um die 200 km/h und, absolvierte seine erste Schicht in Gesellschaft von Gurney und dessen Daytona. Als Bolton am frühen Abend das Lenkrad übernahm, zeigte der Motor plötzlich Zeichen mangelhafter Spritzufuhr. Erst nach zwei Boxenstopps fanden die Mechaniker Papierreste im Benzinfilter und entfernten sie. Danach fuhr Bolton wieder Rundenschnitte um die 200 km/h — im Dunkeln. Leider kam der AC nach seiner 77. Runde nicht mehr zurück. Der Pechvogel Bolton hatte die Kontrolle verloren, als der rechte Hinterreifen zwischen Arnage und Maison Blanche geplatzt war. Nur Runden zuvor hatte er getankt und die Dunlop-Techniker hätten eigentlich merken müssen, daß der Reifen gewechselt werden mußte. Direkt hinter dem AC lag Giancarlo Baghetti mit einem Ferrari 275P, bei seinem Ausweichversuch verließ auch er die Straße. Durch einen unglücklichen Zufall hatten sich drei Franzosen

Olthoff schenkte seinem Cobra (Nr. 27) 1964 wahrlich nichts: Er verunglückte beim Training für die Ilford-Trophy in Brands Hatch, jagte seinen Motor in Portugal hoch und unterzog ihn, wieder in Brands Hatch, einer eindrucksvollen Kaltverformung. Wagen Nr. 65 steuert Lord Cross, er trainiert hier gerade in Snetterton für einen Slalom, den der Automobilclub der Universität Cambridge 1964 veranstaltete.

Die Goodwood TT von 1964 war ein weiterer Höhepunkt in der Karriere von Sears: Er wurde Vierter, obwohl er nach der Einführungsrunde ganz hinten anstehen mußte.

genau diesen Platz, für die Zuschauer sonst gesperrt, ausgesucht. Alle drei waren auf der Stelle tot.
Das war die Rückkehr von AC nach Le Mans. Das Wrack kam erst nach einer Weile nach England zurück. Die französischen Verantwortlichen meinten, das Differential wäre festgegangen und das hätte den Unfall ausgelöst. AC baute das Coupé nie wieder auf und nahm nie wieder an Rennen teil.
Eine der Sternstunden in seiner Karriere erlebte Sears im Rahmenprogramm zum Britischen Großen Preis am Brands Hatch 1964. Sears fuhr den Willment Cobra im Rennen um die Ilford Trophy, sein Wagen war im Vorjahr in Le Mans eingesetzt worden. Olthoff war der schnellste der drei Cobra-Fahrer, hatte aber im Training die Strecke verlassen und hatte sich um einen Baum gewickelt. Der Wagen war nicht mehr zu retten. Im gleichen Training verlor Sears ein Rad, der Schaden hielt sich aber in Grenzen. Der dritte Cobra war für Tommy Atkins gebaut und so neu, daß er nicht einmal lackiert war. Roy Salvadori, oft für Atkins unterwegs, war nur eine halbe Sekunde langsamer als der fliegende Olthoff.
Bei der Startaufstellung wurde Sears eine viel schlechtere Position zugewiesen, als ihm nach seinen Trainingszeiten eigentlich zugestanden hätte. Das Problem konnte aber vor dem Start nicht gelöst werden. Deutlich unzufrieden, versuchte Sears das beste aus der Situation zu machen und lag bald auf Platz zwei hinter Jackie Stewart in einem Coombs E-Type Jaguar. Er sah aber nach der zweiten Runde die schwarze Flagge, weil er von der falschen Startposition aus gestartet war... Als Sears das Rennen wieder aufnahm, lag er auf dem siebten Platz, seinen Unmut mit der geballten Faust signalisierend. Einige Teammitglieder von Willment beteiligten sich aus lauter Frust an einer Schlägerei in der Boxengasse.
Dann zog Sears eine unvergeßliche Vorstellung ab, das beste Rennen seiner Karriere. Am Limit fahrend und klug taktierend holte er einen nach dem anderen wieder ein. In der siebten Runde war er wieder auf Rang zwei und in Runde 15 schnappte er auf der Portobello auch Stewart. Er siegte unter dem grenzenlosen Jubel der Zuschauer, die nur selten eine bessere Show gesehen hatten. Salvadori wurde bei seiner ersten Fahrt mit dem neuen Atkins Cobra gleich Dritter.
Später, im Juli, bestritt Olthoff ein GT-Rennen in Zolder in Belgien, der Cobra war nach dem Brands Hatch-Unfall repariert worden. Anfangs jagte er den führenden Lucien Bianchi in einem Ferrari 250LM und zwang sich in der 21. Runde auf der kurvigen Strecke vorbei. Er zog weg, als sein Motor plötzlich anfing, unsauber zu laufen. Eine Verteiler-Reparatur an der Box kostete ihn neun Runden, erst dann konnte er das Rennen wieder aufnehmen. Eine Aufholjagd wäre sinnlos gewesen und er gab nach drei Runden auf.
Das Wochenende darauf sah Olthoff bei einem Rennen in

Portugal, wo aber der Motor den Geist aufgab. Eine Woche darauf stand er zusammen mit anderen Cobra-Fahrern wieder in Brands Hatch, diesmal ging es um die Guards International Trophy. Sears und Olthoff fuhren in der Qualifikation beide den Wagen von Sears, da Olthoffs Wagen nach Portugal noch nicht hergerichtet war. In der GT-Kategorie beharkten sich Sears und der junge Chris Amon im Atkins Cobra, da Amon immer wieder erfolglos versuchte, den erfahrenen Sears zu überholen. Sie beendeten das Rennen auf dem fünften und sechsten Rang in der Gesamtwertung und führten die GT-Klasse an. Tommy Hitchcock und Olthoff lagen weiter zurück, auf den Plätzen 15 und 16. Im August gewann der amerikanische Privatier Hitchcock die GT-Klasse in seinem linksgesteuerten FIA-Auto bei einem Clubrennen im englischen Mallory Park.

Die Cobra tauchten jetzt öfters bei kleinen Rennen in England auf. So fuhren zwei Cobra beim 4-Stunden-Rennen in Croft im September mit, gesteuert von Keith Schellenberg und Bruce Ropner. Lord Cross verwendete seinen neugekauften Cobra für ein 5-Stunden-Rennen in Oulton Park im Oktober.

Das *Autosport* 3-Stunden-Rennen in Snetterton brachte einen weiteren Erfolg für Sears — gleich bei seiner ersten Fahrt mit dem von Willment neu aufgebauten und

Nächtlicher Boxenstopp für das Willment-Coupé während des Rand-Neunstunden-Rennens von 1964. Pilotiert von Sears (er kauert an der Boxenmauer) und Olthoff, schaffte die Nummer acht noch einen fünften Platz — nachdem aufgrund eines Unfalls (dem ein Reifenplatzer vorausgegangen war) eine längere Reparatur an der Vorderradaufhängung erfordert hatte.

Daytona-ähnlichen Cobra Coupé. Das Rennen fand unter sehr schlechten Wetterbedingungen statt und wurde frühzeitig abgewunken. Amon wurde Dritter in Atkins Roadster, hinter Roger Macs Jaguar E-Type.

Zum Abschluß der 1964er Saison ging das Willment Coupé nach Südafrika und bestritt dort zwei Rennen im November. Am ersten Wochenende fuhr er die *Rand Daily Mail* 9 Stunden von Kyalami, wo Olthoff und Sears nach vielen Schwierigkeiten den fünften Platz belegten. Die erste Stunde saß Olthoff hinter dem führenden Ferrari 250LM von David Piper. Dann platzte ein Hinterreifen, der Wagen drehte sich und landete auf der Seite neben der Strecke, kippte aber dann glücklicherweise wieder auf die Räder zurück. Willments Mechaniker wechselten das Rad auf der Strecke und Olthoff fuhr an die Box zurück wo alle vier Räder gewechselt wurden. Der Tank konnte mit Seife provisorisch abgedichtet werden und hielt dann ohne weitere Schwierigkeiten bis ins Ziel. Vier Wochen später

Das Coupé von Willment war niedriger und wirkte kraftvoller als der Daytona, von dem es maßgeblich beeinflußt worden war. Beide Aufnahmen entstanden 1965 während der TT in Oulton Park, wo Frank Gardener Fünfter bei den GT und Zehnter in der Gesamtwertung wurde. Dieser Wagen zierte auch den Umschlag von *Autosport*, der ersten Ausgabe dieses renommierten Wochenblattes, die in Farbe erschien. Die Ausgabe erschien am 25. Juni, Oulton Park war zu dem Zeitpunkt schon zwei Monate vergangen.

absolvierte Olthoff zwei GT-Läufe im Rahmenprogramm zum Rhodesian Grand Prix auf der Rennstrecke James McNeille in der Nähe von Bulawayo. Er wurde Zweiter hinter David Prophet in einem Lotus 30, sein Coupé gab aber im zweiten Lauf den Geist auf.

Die ersten wichtigen Rennen in England 1965 waren zweifelsohne die Pfingstrennen auf Brands Hatch, darunter der Redex Trophy für GT-Wagen. Roy Pike fuhr für Chequered Flags Garages den ex-Atkins Cobra Roadster, er zog mit John Miles in einem Diva-Ford eine großartige Show ab und konnte vor Miles gewinnen. Eine Woche später — Silverstone — fand das Eight Club Rennen statt. Nick Granville-Smith und Lord Cross in seriennahen Wagen schnitten beide gut ab. Granville-Smith wurde Dritter in einem Handikap-Rennen und siegte in einem anderen. Sein Siegerauto hatte er im Dezember 1964 neu gekauft. Mitte Juni wurde Neil Dangerfield Dritter bei einem Sprintrennen für große GT-Wagen bei der BARC-

Rennen in Silverstone. Zwei weitere Einsätze bei Clubrennen fanden im Juli statt: In Mallory Park gewann Brian Wilson das letzte Rennen des Tages, ein Handikap, und in Castle Combe wurde Paddy McNally in einem offenen Rennen Zweiter hinter dem Ferrari 250LM von Ron Fry.

Später im Juli war Silverstone wieder der Schauplatz einer Rennveranstaltung, diesmal handelte es sich um die Martini International Trophy für Sportwagen. Sie führte über eine Distanz von 150 Meilen, 241 Kilometer. Als die Flagge fiel, blieb Sears in seinem Willment Cobra mit weit offenem Gas auf dem Startplatz stehen. Der Motor war abgestorben und wäre wohl in tausend Stücken geflogen, hätte er versucht, ihn anzulassen. Bis der Fehler behoben war, lag er mehrere Runden zurück. In seiner erfolglosen Aufholjagd fuhr er ständig am Rundenrekord, kam aber nicht in die Punkteränge. Pike, in seinem ersten Einsatz mit dem Chequered Flag Cobra, hielt aber die Fahne hoch und wurde Gesamtsechster und Sieger der GT-Klasse. Granville-Smith nahm an dieser Veranstaltung ebenfalls teil und wurde in einem anderen GT-Rennen Zweiter. Das jährliche BARC-Rennen im Crystal Palace bezeichnete keinen Höhepunkt in der Cobra-Geschichte. Pike schoß ein Pleuel durch den Motorblock seines Chequered Flag Cobra, Dangerfield kollidierte mit einem TVR Griffith.

Bei der Brands Hatch Guards Trophy im August fand auch das Redex-Rennen für GT-Wagen über 20 Runden statt.

Zwei weitere Aufnahmen, die 1965 während der TT entstanden. Roger Macs Wagen war der schnellste private Cobra — zumindest bis er ein Rad verlor. Sir John Whitmores Roadster war ein Werkswagen und wurde Klassensieger. Dahinter, kaum zu sehen: Gardners Willment-Coupé.

Bob Bondurant führte vom Start weg im Chequered Flag Cobra, dicht gefolgt von Sears im Willment Coupé. In der siebten Runde streikte die Kupplung in Bondurants Wagen, worauf das Coupé die Führung übernahm und bis zum Ziel nicht mehr abgab. McNally in einem Roadster landete auf Rang zehn und Bob Bondurant fiel ganz aus der Wertung.

Der Veranstalter des Australian Tourist Trophy Mitte

Machte Probleme: Gardners Coupé (links) bei der TT 1965. Daher konnte der Willment-Wagen erst spät (und aus der Boxengasse heraus) in den zweiten Teil dieses in zwei Läufen ausgetragenen Rennens gehen. Chequered Flag war ein weiterer Rennstall, der auf Cobra setzte (unten): Hier 1966 vor der Guards Trophy in Brands Hatch. Im Vordergrund Mike Beckwiths Roadster 289, dahinter Chris Irwins 427er.

November wollte den Zuschauern etwas ganz Besonderes bieten und überredete Carroll Shelby, Ken Miles mit dem 427 Roadster herunterzuschicken. Miles lag auf der kurvigen, engen Strecke an dritter Stelle hinter zwei Lotus 23, als die Hinterradaufhängung brach und ein Hinterreifen explodierte.

Der Angola Grand Prix Anfang Dezember sah Jo Schlesser mit einem 427 Cobra und den enthusiastischen Amateur Keith Schellenberg in seinem 289 Roadster, der für dieses Rennen von England kam. Schlesser führte vom Start weg und wechselte sich dann in der Führung mit David Piper (Ferrari 365 P2) und Denny Hulme (Brabham BUT8) ab. In der 34. Runde brach die Hinterradaufhängung wie auch schon beim Auto von Miles in Australien, Schlesser war damit ausgeschieden. Schellenberg schaffte aber den 10. Platz.

1966 waren die großen Tage der Renn-Cobra eigentlich schon vorüber, doch bei kleineren Rennveranstaltungen waren sie immer noch eine Größe.

Diese grobe, aber repräsentative Übersicht über die Rennaktivitäten außerhalb der USA zeigt, daß es mit der Konkurrenzfähigkeit der Cobra sehr schnell vorbei war. Zum größten Teil lag das an der Entwicklung kleiner Rennsportwagen gerade Mitte der 60er. Die hohe Motorleistung reichte nicht aus, um den Cobra einen Vorteil gegenüber den kleinen, flinken Wagen mit ihrem günstigen Verhältnis von Gewicht und Leistung zu verschaffen.

Die Weltmeisterschaft

12 Stunden von Reims: Bondurant/Schlesser auf dem Daytona-Coupé. Sie gewannen 1965 die GT-Klasse — und verpaßten die Weltmeisterschaft.

Die Renn-Cobra waren für die kurzen Strecken der amerikanischen Rennserien bestens geeignet. Ihre Beschleunigung kompensierte die eher mittelmäßige Aerodynamik der Karosserie, die übrigens die Spitze auf knappe 260 km/h begrenzte. Für eine Attacke auf die FIA-Weltmeisterschaft in der GT-Klasse, wo die meisten Läufe über viel längere und schnellere Strecken ausgetragen wurden, mußte die Höchstgeschwindigkeit erhöht werden. Der Konkurrent Ferrari hatte schließlich den erfolgreichen 250SWB Berlinetta durch den 250GTO ersetzt. Und der ging eine Spitze von 280 km/h.

Die Hardtops für den Le Mans Cobra und die Le Mans Replikas verbesserten zwar die Aerodynamik im Vergleich zum Roadster, doch sollten Shelbys Autos Erfolg haben, waren härtere Maßnahmen erforderlich. Es gab schon einige Le Mans Replikas in den USA, aber die Fahrer schienen die offene Variante zu bevorzugen, auch als sie gegen die GTO antraten.

Die FIA-Regeln für die GT-Klasse verlangten die Produktion von 100 Exemplaren innerhalb von 12 Monaten, die Karosserie mußte aber nur annähernd dem Original ähnlich sein. Die exakte Form war Sache des Herstellers. Ob der Ferrari GTO dem Regelwerk entsprach ist fraglich, aber er war nun mal homologiert. Carroll Shelby setzte sich mit zwei seiner besten Männer hin, Ken Miles und Pete Brock, und daraus entstand das Daytona Coupé. Das Chassis von Skip Hudsons

Unfallwagen von den 500 Meilen von Daytona wurde gestrippt und diente als Ausgangsbasis. Unter anderem entwarf Miles eine tiefere Sitzposition und vergrößerte den Lenkwinkel, während gleichzeitig Brock die ideale Karosserieform suchte. Als die Zeichnungen fertig waren — in Wirklichkeit nur Skizzen — fing Brock an, zusammen mit den beiden Shelby-Mitarbeitern John Ohlsen und Bill Eaton, ein dreidimensionales Modell in voller Größe zu bauen.

Das ganze Projekt ging dann zum California Metal Shaping. Die italienischen Karosserie-Hersteller zogen es vor, die Blechstücke über Holzformen zu dengeln. California Metal Shaping verwendete eine Presse und schweißte dann die Stücke zusammen, so entstand auch das erste Coupé.

Carroll Shelby hatte inzwischen bei AC zwei nackte Chassis geordert, die per Luftfracht angeliefert wurden. Die Fahrgestell-Nummern CSX 2286 und 2287 verließen das Werk am 22. November 1963. Die Nummer 2287 wurde für den Aufbau des Coupés herangezogen und mit einem entsprechenden Gitterrohrrahmen — Rohrdurchmesser 25,4 mm — versehen. Technischerseits hatte man den Kühler anders gewinkelt. Als die Vorarbeiten so weit gediehen waren, konnte die Aluminiumkarosserie daran befestigt werden.

Für den nötigen Vortrieb sorgte einer von Remingtons 385 PS-Motoren, die Kraftübertragung übernahm ein Borg Warner T10-Getriebe mit M- (oder Sebring-) Auslegung und einer mit 2,72 übersetzten Hinterachse. Wenn das alles so funktionieren würde, wie Carroll Shelby sich das vorstellte, müßten eigentlich mehr als 290 km/h zu erreichen sein.

Die Zeit drängte, das erste Rennen sollte bereits 1964 stattfinden, Shelby hatte für das Daytona Continental gemeldet. Erste Tests konnten im Februar am Riverside durchgeführt werden. Das Coupé zeigte gutes Handling, erreichte 255 km/h und verbrauchte weniger Benzin als vorher. Die Hitze im Cockpit war allerdings kaum

Im Detail: Offene Vergasertrichter und Stewart-Warner Instrumente, wie sie auch die normalen, für die USA bestimmten Cobra-Roadster trugen. Nettes Detail am Rande: Der Verschluß der Motorhaube an der Seite trägt ein »M«. Das »M« steht für Michelotti und stammt aus dem Fundus eines popeligen Triumph Herald — kein Witz, alles original (wenn auch toll restauriert).

1964 bei Shelby Enterprises: Daytona-Coupés im Bau. Darunter: Ende einer Dienstfahrt. Bei seinem ersten Einsatz unter Holbert/MacDonald schaffte das Coupé beim Daytona Continental gerade fünf Runden, dann fing der Wagen Feuer, und das Rennen war gelaufen.

auszuhalten, dennoch war man mit den Testergebnissen zufrieden. Das Auto ging zurück in die Werkstatt, wurde dort in »Viking Blue« lackiert und erhielt den letzten Schliff.

Die Saison 1964

Im Training zeigte sich von Anfang an, daß das neue Coupé so schnell war wie der schnellste Ferrari GTO. Die schlechten Klimaverhältnisse im Cockpit wuchsen sich in der feuchten Hitze in Daytona zu einem großen Problem aus. Was man in der kurzen Zeit machen konnte, war lediglich eine Notlösung: Man schnitt einige Luftlöcher und hoffte inständig, daß die Fahrer — Bob Holbert und Dave MacDonald — es gerade noch aushalten konnten. Nach drei Stunden hatte das Coupé eine komfortable Führung, als der schnellste Ferrari einen Reifenplatzer hatte. Nach 600 von den 2000 Kilometern führte das Cobra Coupé mit ganzen fünf Runden Vorsprung. Die Stimmung muß ganz oben gewesen sein, als der Wagen an die Box zum Tanken und Fahrerwechsel hereinkam. Immer noch war die Stimmung riesig, zumindest bis Holbert erklärte, das Differential überhitze. Während der große Benzintank aufgefüllt wurde, kroch John Ohlsen unter den Wagen. Verschüttetes Benzin lief unter den Wagen, entzündete sich und das ganze Heck, mitsamt Ohlsen, war im Nu ein einziger großer Feuerball. Reaktionsschnell zogen die Boxenposten Ohlsen raus und löschten die Flammen. Er überlebte, trug aber schmerzhafte Verbrennungen davon. An eine Weiterfahrt war nicht mehr zu denken, Elektrik und Leitungen waren ausgebrannt.

Der Fehler, nach dem Ohlsen gesucht hatte, lag in der defekten Kühlpumpe für das Differential. Ein O-Ring hatte sich aufgelöst und es ist unwahrscheinlich, daß der Wagen die volle Distanz überstanden hätte, auch ohne den feurigen Vorfall an der Box. Die ersten drei Plätze gingen an Ferrari, vor Dan Gurney und Bob Johnson in einem Cobra-Roadster. Das Coupé hatte aber einen solch starken Eindruck hinterlassen, daß ab jetzt alle geschlossenen Cobra als Daytona Coupés bezeichnet wurden.

Bis zum nächsten Rennen, den 12 Stunden von Sebring, waren es noch fünf Wochen. Und bis dahin wurde das Hitzeproblem im Cockpit durch zusätzliche Lufteinlässe gelöst. Für dieses Rennen bekam das einzelne Coupé Gesellschaft von vier Werks-Roadstern und einem

Der Cobra-Aufmarsch zur 64er Targa Florio war imposant, aber nur von kurzer Dauer. Drei der vier gemeldeten Roadster fielen aus, nur einer sah das Ziel. Arena/Coco (rechts) mußten sich, auf Rang fünf liegend, mit gebrochener Ölleitung zurückziehen; Masten Gregory (unten), der sich mit Innes Ireland das Steuer teilte, baute einen Unfall.

speziellen Prototypen — einem blattgefederten Roadster mit 427er Big-Block-Motor, modifiziert von Ken Miles mit Unterstützung von Ford.
Das Coupé wurde von den Fahrern pilotiert, die sich schon in Daytona hinters Steuer geklemmt hatten, Holbert und MacDonald. Diesmal lief alles nach Plan, abgesehen von der Grillparty im Cockpit, und das Auto überquerte nach drei Ferrari Prototypen die Ziellinie und war damit Sieger in der GT-Klasse. Die Cobra-Roadster beendeten das Rennen auf den Plätzen 2-3-5-6-7-12 und nur ein Mißgeschick in der letzten Runde hinderte den schnellsten Roadster daran, dem Coupé den Sieg wegzuschnappen. Gurney und Johnson lagen auf einem unglaublichen dritten Platz, als der Cobra direkt vor den Boxen — Johnson saß am Lenkrad — einen lahmgelegten Alfa Romeo mit nur einem schwachen Rückstrahler einholte. Der Alfa spulte nur noch seine Runden ab und versuchte lediglich noch, das Ziel zu erreichen. Johnson kam rasch auf und hatte einen Geschwindigkeitsüberschuß von gut 130 km/h. Er knallte ins Heck des Alfa, stieg dann hoch und schlug einen Salto über dem Alfa-Dach. Dessen Benzintank riß, der Kraftstoff spritzte über die ganze Strecke und geriet in Brand. Glücklicherweise konnte der Alfa-Fahrer nur leicht verletzt aus dem Wagen gerettet werden, auch Johnson konnte seinen völlig demolierten Cobra heil verlassen. Das Tempo der beiden Cobra-Piloten Johnson und Gurney war während des Rennens aber so hoch gewesen, daß sie trotzdem den siebten Platz in der GT-Klasse und Rang zehn in der Endwertung verbuchen konnten.
Ken Miles dagegen hatte in seinem 427er Cobra keinen Grund zum Jubeln. Im Training drehte er sich und traf den einzigen Baum an der Rennstrecke. Der Wagen wurde über Nacht repariert und war zur Startaufstellung fertig. Doch vergeblich: die Fahreigenschaften verschlechterten sich zusehends und dann fiel der Wagen nach und nach auseinander. Zum guten Schluß verabschiedete sich ein Pleuel und schoß durch den Motorblock und ein erleichterter Miles durfte aufgeben.
Der FIA-Zirkus zog jetzt nach Europa, gastierte bei der Targa Florio und machte auf der knallharten Madonie-Strecke in den sizilianischen Bergen Station. Eine Runde war dort 72 Kilometer lang. Vier Roadster waren gemeldet und anfangs lief alles nach Plan.
Nach sechs Runden waren Gurney und Jerry Grant Gesamtzweite und führten in ihrer Klasse. Phil Hill und Bob Bondurant waren vierte und die italienischen Fahrer »Arena« und »Coco« fünfte. Der vierte Wagen mit Innes Ireland und Masten Gregory hatte das Rennen bereits mit einem Unfall beendet. Dann kam es noch dicker, als beim italienischen Cobra eine Ölleitung platzte und mit ihr der Motor. Gleichzeitig brach die Radaufhängung beim Wagen von Hill/Bondurant. Gurney und Grant konnten sich mit dem gleichen Schaden gerade noch ins Ziel schleppen und wurden mit einem achten Platz belohnt.

Nur einer kam durch: Mit der Nummer 146 der Cobra von Dan Gurny und Jerry Grant (hier im Bild) war das der einzige Wagen von Shelby, der 1964 die Targa überstand.

Trotz eines Schadens an der Aufhängung kamen die beiden auf Platz acht ins Ziel. Shelby zog seine Konsequenzen — und ging 1965 nicht mehr ins Rennen.

Im Mai in Spa-Francorchamps gab das Coupé sein Europa-Debut zusammen mit drei Roadstern. Die schnelle Strecke war damals 13 Kilometer lang und eigentlich wie maßgeschneidert für das Cobra-Coupé. Im Training wurden regelmäßig Rundenschnitte mit über 200 km/h erzielt. Das Rennen selbst war aber ein Desaster, da das Coupé fünf Runden an der Box verbrachte, weil Schmutz aus Vergasern und Benzinleitungen entfernt werden mußte. Als er wieder losfuhr, pulverisierte Hill den Rundenrekord für die GT-Klasse mit einem Schnitt von etwas über 207 km/h. Es nützte aber nichts, in die Wertung gelangten nur zwei Roadster — Bondurant und Jochen Neerpasch belegten Rang sechs in der GT-Klasse, Jo Schlesser und Dickie Attwod landeten auf Rang acht.

Nürburgring, Ende Mai: Wieder eine für die Cobra ungeeignete Strecke, wenigstens für das Coupé. Deshalb ging

Auch der Nürburgring war kein besonders gutes Pflaster für die Cobra-Equippe, zumindest nicht für das Coupé. Die Roadster konnten 1964 ebensowenig überzeugen, bescherten dem Team aber immerhin ein kleines Erfolgserlebnis: Bondurant/ Neerpasch fuhren die schnellste Runde in der GT-Kategorie, fielen aber aus. Zwei Coupés waren startklar für Le Mans, sie posieren hier mit ihrem Teamchef. Von links nach rechts: Bob Bondurant, Chris Amon, Jochen Neerpasch, Dan Gurney und Carroll Shelby.

der geschlossene Wagen direkt zu Ford Frankreich, wo es für die 24 Stunden von Le Mans vorbereitet wurde. Für die Eifel blieben nur die Roadster. Die »Grüne Hölle« forderte ihr erstes Cobra-Opfer bereits im Training, als "Arena" in dem Wagen, den er mit "Coco" teilte, einen Unfall hatte und sich schwer verletzte. Zwar waren im Rennen keine weiteren Personenschäden zu beklagen, doch die ganze Veranstaltung geriet — aus Cobra-Sicht — wieder zu einer mittleren Katastrophe.
Schlesser/Attwood jagten vergebens Mike Parkes in einem Ferrari GTO — zumindest solange, bis es Ärger mit den Zündkabeln gab. Nachdem das repariert war, fiel das Vergasergestänge auseinander. Eine gebrochene Ölleitung zerstörte den Motor in Bondurants Auto und der Privatfahrer Tommy Hitchcock begegnete unverhofft einem kreiselnden Jaguar. Auch John Willments und Bob Olthoff in ihrem rechtsgelenkten Roadster erging es nicht besser, da der Wagen in der ersten Runde Feuer fing. Nachdem Benzinleitungen und Elektrik repariert worden waren, nahm Olthoff das Rennen wieder auf, konnte sich aber nicht plazieren und beendete das Rennen mit einem Rückstand von fünf Runden.
Der einzige Cobra in der Wertung war der von Schlesser/Attwood, beide belegten einen miserablen 20. Platz in der GT-Kategorie. Die Kombination aus Speed, Zuverlässigkeit und Glück, die 1963 den Einsatz in den USA bestimmt hatte, schien das Carroll Shelby Racing Team im ersten Jahr auf internationaler Ebene verlassen zu haben. Dann aber folgte Le Mans, für Carroll Shelby eine ganz besondere Angelegenheit.
Den ersten beiden nackten Chassis waren Ende November 1963 zwei weitere Lieferungen von AC nach Kalifornien gefolgt — CSX 2299 und 3000. Diese zwei gingen später zusammen mit CSX 2286 nach Italien und wurden dort von Carozzeria Gran Sport in Modena zu Daytona Coupés aufgebaut. Später folgten die beiden letzten Chassis, die AC in dieser Ausstattung lieferte — CSX 2601 und 2602. Diese beiden lagen außerhalb der üblichen Nummernkreise der blattgefederten US-Cobra — der letzte war CSX 2589 — aber diese beiden verließen das Werk im August 1964 und flogen mit British European Airways direkt nach Italien, vier Monate vor dem letzten Serienauto.
CSX 2299 war zuerst fertig, doch der italienische Karosseriehersteller mißverstand die Herstellerangaben, so daß dieser Wagen im Endeffekt um fünf Zentimeter höher ausfiel als die anderen. Das war allerdings nicht schlimm, sondern erlaubte dem großgewachsenen Gurney eine etwas komfortablere Sitzposition. Damit wurde die Nummer 2299 zu »seinem« offiziellen Wagen.
Zurück zu Le Mans. Zwei Daytona-Coupés, CSX 2287 für Amon und Neerpasch und CSX 2299 für Gurney und

5

Kam gut, das Daytona-Coupé: Drei Fotos vom Gurney/Bondurant-Wagen, die die GT-Klasse gewannen und 1964 den vierten Platz in der Gesamtwertung belegten. Gut zu sehen die Schlitze für die Cockpitbelüftung, die Lufteinlässe für die Hinterradbremsen, der große Kühlluft-Einlaß und daneben die kleine Klappe, mittels derer sich der Ölstand prüfen läßt, ohne daß die Haube hochgeklappt werden muß.

Boxenstopp in Le Mans 1964: Am Daytona-Coupé wird eifrig geschraubt. Bei abgenommener Haube gut zu sehen: die relativ simple Vorderachs-Konstruktion mit Querblattfedern. Unter der Plexiglaskuppel des Hecks liegt das gut verzurrte Reserverad.

Bondurant waren gemeldet, ebenso die hauseigene Interpretation eines Coupés von AC, siehe Kapitel 4. Premierenstimmung auch bei Ford, das in Le Mans den neuen GT40 in der Prototypenklasse an den Start brachte. Im Vergleich zu den Cobra, die plötzlich wie Relikte aus vergangenen Zeiten aussahen, kauerten die drei GT40 tief über dem Asphalt und verliehen dem Ausdruck »funktional« eine ganz neue Bedeutung. Abgesehen von ihren V8-Motoren waren sie vollgestopft von technischen Innovationen. Der Gedanke lag nahe, daß ein Wagen, dessen neue Karosserie auf einem Fahrgestell der 50er Jahre saß, gegen den GT40 verdammt alt aussehen würde, auch neben dem, was auch immer Ferrari in der GT- und der Prototypenklasse herausrollen sollte — sorgenvolle Mienen also bei den Cobra-Teams. Die GT40 wie auch die Daytona bedienten sich zum größten Teil der gleichen Ausrüstung und Crew, vor allem des zuverlässigen Motorenfachmanns Phil Remington. Für dringende Fälle standen sogar Hilfe und Unterstützung von Ford Europa bereit. Traten die Ford auch als Einheit auf, standen doch die GT40 unter dem Befehl vom

Zwei Bilder, ein Le-Mans-Sieger: Wagen Nummer 5, rechts ziemlich zu Beginn des Rennens an der Box. Dan Gurney sitzt am Steuer, Bob Bondurant, ganz links, unterhält sich mit einem nachdenklichen Phil Remington. Unten: Deutlich von den Strapazen gezeichnet legt der spätere GT-Gewinner einen letzten Halt ein. Im Vordergrund: Daniel Sexton Gurney.

Teamchef John Wyer.

Die Trainingszeiten zeigten jedoch, daß Shelbys Kreationen noch nicht zum alten Eisen gehörten. Zu Beginn des Rennens ließen die Daytona vier Ferrari GTO in der Klassenbewertung hinter sich. Sie liefen so gut, daß sie in der Nacht in der Gesamtwertung auf den vierten und fünften Plätzen lagen und in der GT-Klasse mit beachtlichem Vorsprung vorn lagen. Das AC Coupé war nach einem Reifendefekt in der Nacht ausgefallen, doch der private französische Cobra-Roadster, den Shelby zur Verfügung gestellt hatte, drehte weiter unbeirrt seine Runden.

Etwa um Mitternacht legte der Amon/Neerpasch Cobra einen Tankstopp ein und führte einen Fahrerwechsel durch, und da ging es los. Die Batterie konnte den Anlasser nicht mehr durchdrehen. Eine Hilfsbatterie wurde angeschlossen, aber das war ein Verstoß gegen die strengen Regeln in Le Mans und der Wagen wurde disqualifiziert.

Das überlebende Coupé von Gurney/Bondurant donnerte weiter durch die Nacht, doch als der Morgen graute, fiel der Öldruck auf Null. Vorsichtig rollte der Wagen zurück an die Box, wo die Mechaniker eine gerissene Leitung am Ölkühler fanden. Die schnellste Reparatur bestand darin, den Ökühler abzuklemmen, allerdings mit dem beachtlichen Risiko, daß der Motor überhitzte. Das Coupé sah dennoch die Zielflagge, nur noch einmal kurz gestoppt durch einen außerplanmäßigen Boxenhalt, den Fehlzündungen verursacht hatten. Wie sich herausstellte, waren die mechanischen Unterbrecher am Ende. Trotz dieser Schwierigkeiten konnten Gurney und Bondurant den vierten Platz in der Gesamtwertung verbuchen und den Sieg in der GT-Kategorie.

Die 12 Stunden von Reims waren kein Erfolg. Die schon in Le Mans eingesetzten beiden Daytona nahmen teil und schieden beide mit dem gleichen Defekt aus: der rückwärtige Getriebedeckel war gerissen.

Die nächste wichtige Veranstaltung war die RAC Tourist Trophy im britischen Goodwood. Gurney belegte mit

seinem hohen Cobra-Coupé den ersten Platz in der GT-Klasse. Phil Hill, in einem älteren Coupé, hatte Probleme mit einer gerissenen Ölleitung und wurde nur Elfter. Sears und Olthoff nahmen in ihren Willment Roadster die nächsten beiden Plätze hinter Gurney in der GT-Kategorie ein; Roy Salvadori hatte mit dem Atkins-Cobra wegen Kupplungsproblemen aufgegeben.

Jetzt bestand die Möglichkeit, daß Shelby den Titel in der GT-WM gewinnen konnte. Drei Rennen standen noch aus, zwei davon mußten gewonnen werden, dann war der Titel sicher. Die Tour de France stand als nächste Veranstaltung im Kalender und obwohl die Coupés in der Anfangsphase gut im Rennen lagen, konnte die Mechaniker-Crew die großen Entfernungen nicht rechtzeitig bewältigen und immer dann vor Ort sein, wo sie gebraucht wurden. Die Verbindungsstrecken waren insgesamt 6000 Kilometer lang, außerdem gab es eine Vielzahl von Sonderprüfungen (die meist über eine Stunde dauerten). Schon vor der

Bilder speziell aus Fahrerlager und Parc Fermé sind, soweit es die Goodwood TT betrifft, Mangelware. Geoff Goddards Aufnahme zeigt im Vordergrund mit der Nummer 23 den Sears-Roadster vom Team Willment, hinten (Nr. 22 und 21) stehen zwei Daytona-Coupés.

Halbzeit waren beide Coupés ausgefallen, Wagen Nummer drei, CSX 2300, hatte es nicht einmal bis an den Start geschafft. Beim Transport von Italien nach Frankreich hatte ein leichtsinniger Fahrer versucht, den Renntransporter unter einer Brücke durchzuquetschen, die dafür nicht hoch genug war: der Cobra war dabei stark beschädigt worden. Der Hochgeschwindigkeitskurs im italienischen Monza, auf dem der Coppa Europa ausgetragen wurde, lag den Cobra dafür um so mehr, die Chancen standen sehr gut für Shelbys Team. Allerdings platzte auch dieser Traum vom Sieg — mit freundlicher Unterstützung von Ferrari. Ferrari hatte nämlich von der FIA verlangt, die 250LM

Noch einmal die Tourist Trophy in Goodwood 1964: Mit der Nummer 21 Gurney im Daytona auf seiner Fahrt zum GT-Sieg und zu einem dritten Platz in der Gesamtwertung.

Die 12 Stunden von Sebring war 1965 eine von zwei Veranstaltungen im Rahmen der GT-Weltmeisterschaft, die in den USA ausgetragen wurde. Mit der Nummer 14 hier Johnson/Payne, die trotz des strömenden Regens, der am Nachmittag die Strecke überflutete, einen zweiten Platz bei den GT-Wagen und den siebten Rang in der Gesamtwertung schafften.

und 275 LM als GT-Wagen zu homologieren. Als dies verweigert wurde, sagte der Veranstalter das Rennen kurzerhand ab, aus patriotischen Gründen sozusagen. Eine interessante Fußnote sei am Rande erwähnt: Chassis CSX 2601 war bei Carozzeria Gran Sport in Modena leicht abgeändert worden und erhielt einen 427er Motor. Als das dritte Coupé auf dem Weg zur Tour de France beschädigt wurde, befahl Shelby, den CSX 2601 zum Standard-289er umzurüsten. Alle verfügbaren Cobra Coupés sollten in Monza antreten...

Jetzt, da keine Möglichkeit mehr bestand, den Titel zu gewinnen, lief alles wie am Schnürchen: Shelbys Team ging im September in Bridgehampton bei den »Double 500« an den Start und belegte dort geschlossen die ersten vier Plätze in der GT-Kategorie. Die erfolgreichen Fahrer: Ken Miles, Ronnie Bucknum, Bob Johnson und Chuck Parsons. In ihrem ersten vollen WM-Jahr hatte sich das Cobra-Team hervorragend geschlagen und nur gegen die Scuderia Ferrari den Kürzeren gezogen. Der Abstand war hauchdünn. Es stand zum Schluß 84,6 für Ferrari gegen 78,3 für Cobra. Auf einer Pressekonferenz bei der Eröffnung seines neuen Werks neben dem Flughafen von Los Angeles soll Shelby gesagt haben: »Nächstes Jahr gehört der Arsch von Ferrari mir!« Leider ist nicht überliefert, was Enzo Ferrari dazu äußerte.

Die Saison 1965

Für 1965 erhielt Shelby die Aufgabe, als Rennleiter Fords GT40-Programm voranzutreiben. Neben einer Menge zusätzlicher Arbeit bedeutete das eine kräftige finanzielle Unterstützung seitens des Werkes und die Möglichkeit, Ferrari mit dem GT40 in der Prototypenklasse und mit dem Cobra in der GT-Kategorie einzuheizen. Von Anfang an machte die FIA Schwierigkeiten, da weder Shelby noch Ferrari die geforderte Produktionszahl nachweisen konnte. Shelby wollte den neuen 427er Cobra mit Schraubenfedern

Der Daytona von Spencer/ Adams, die Vierte in der GT- und 21. in der Endwertung wurden. Insgesamt waren 1965 in Sebring vier Daytona am Start.

homologieren, zum Stichtag waren aber nur 50 statt der nötigen 100 Einheiten produziert. AC und Shelby hatten wenigstens versucht, die Auflagen zu erfüllen, die FIA hatte aber mittlerweile die Politik von Ferrari satt und beobachtete jetzt jeden Antrag mit besonders kritischen Augen. Früher hatte Enzo Ferrari einfach getürkte Papiere vorgelegt, so waren von den 100 angeblich gebauten 250GTO in Wirklichkeit zu dem Zeitpunkt nur 25 Stück gebaut worden. Dann hatte er das auch beim 250LM versucht, jedoch ohne Erfolg. Er stellte einen neuen Antrag, wobei FIA seine Unterlagen genauestens untersuchte. Auch diesmal hatte er wieder gelogen, noch immer lagen die Produktionszahlen weit unterm Limit.
Im Endergebnis gingen die beiden Hauptkontrahenten mit den Vorjahresmodellen ins Rennen. Ferrari, wie immer wenn die Welt ihm nicht gehorchte, zog die Werkswagen aus der GT-Kategorie zurück und überließ es den privaten Teams, die rote Fahne oben zu halten.
In den Wintermonaten waren alle Daytona-Coupés in Kalifornien zerlegt, modifiziert und gründlich getestet worden, unter anderem auch durch die Aerodynamik-Spezialisten von Ford. Das führte zu Autos, die vielleicht nicht der neuesten Technik entsprachen, die aber so erprobt, zuverlässig und effizient waren.
Zum Saisonauftakt traf sich der Rennzirkus am letzten Februartag beim Daytona Continental. Shelbys Taktik sah vor, mit den Daytona die Ferrari unter Druck zu setzen und sie entsprechend zu hetzen. Die GT40 sollten alle anderen ebenbürtigen Konkurrenten in Schach halten, ihre Motoren allerdings für das Finish sparen. Ein Daytona sprengte seinen Motor, die anderen kamen in der GT-Wertung auf die Plätze eins, zwei und vier. In der Gesamtwertung belegten sie die Ränge zwei, vier und sechs. Kein Zweifel, Shelbys Taktik war aufgegangen, und weil seine GT40 im Gesamtklassement auf den Rängen eins und drei landeten, ergab sich, sehr zur Freude aller Ford-Fans, folgende Endwertung: Fünf Autos mit Ford-Motor auf den ersten sechs Rängen — die Saison fing gut an.
Danach folgte Sebring, wo Shelby ebenfalls zwei GT40 und vier Daytona einsetzte. Der Tag ging in die Geschichte hinein, nicht zuletzt wegen des orkanartigen Regens. Während des Rennens stand das Wasser eine Zeitlang knöchelhoch in der Boxengasse und Gegenstände dümpelten in den Boxen, sogar Räder! Autos, die noch fuhren, füllten sich schnell mit Wasser. Die offenen Wagen waren natürlich am meisten davon betroffen, doch auch die Coupés nahmen sehr viel Wasser. Erstaunlicherweise kamen die meisten durch, darunter die vier Daytona Coupés, und als das Rennen beendet war, hatten sie den ersten, vierten, sechsten und zwölften Platz in der GT-Klasse belegt. Einer der GT40 wurde Zweiter in der Gesamtwertung, der andere GT40 war mit gebrochener Radaufhängung ausgefallen.
Diese zwei ersten Rennen auf amerikanischem Boden zeigten, daß sich die harte Arbeit über den Winter gelohnt hatte. Eine verbesserte Cockpitentlüftung erhöhte den Komfort für die Fahrer und half ihnen, sich besser zu konzentrieren. Die Beschleunigung und die Zuverlässigkeit

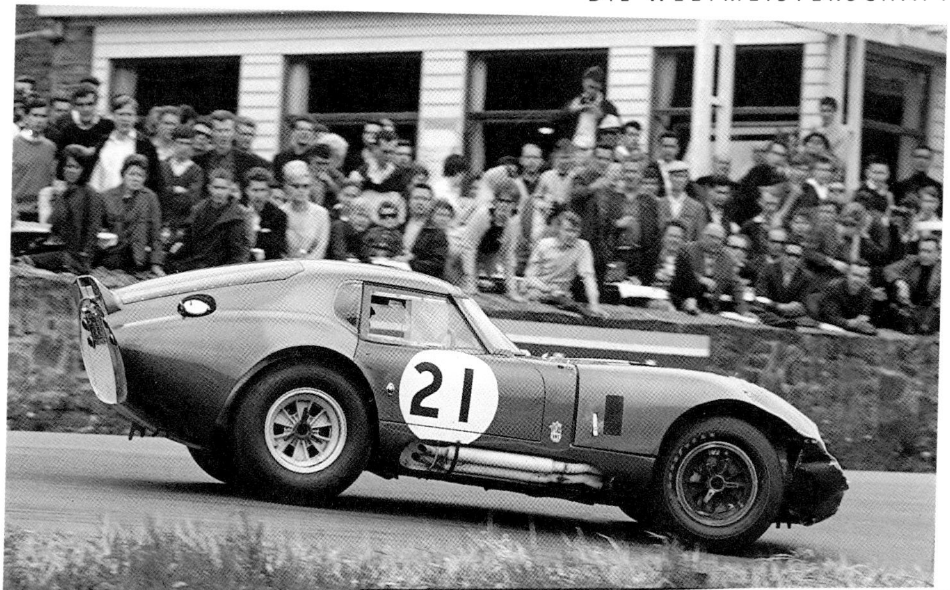

Zurück nach Europa : Spa-Francorchamps (rechts) lag den Daytona-Coupés mit ihrem bärenstarken Motor. Der Wagen von John Whitmore lag gut im Rennen, mußte aber nach Getriebeproblemen aufgeben. Auf dem Nürburgring gab es einen formidablen Dreifach-Erfolg in der GT-Kategorie, Sieger wurde der Wagen von Bob Bondurant (unten). Vielleicht lag es daran, daß er sich auf dieses Rennen besonders intensiv vorbereitet hatte — so mit der Nummer 51 im Training.

ließen jetzt nicht mehr zu wünschen übrig und, obwohl die Blattfederung zu einem komischen Aufstellmoment in den Kurven führte, war das Handling anständig. Für schnellere Boxenstopps hatte Shelby Hydraulikheber einbauen lassen.

Jetzt ging die internationale GT-Serie nach Europa, dort fand das erste Rennen in Monza statt. Alan Mann Racing, einer der führenden Ford-Händler Englands mit einer großen Rennabteilung, wollte ein Stück vom Kuchen abhaben, er erhielt vor Monza zwei Coupés und zwei GT40. Im Rennen hielten die Cobra mühelos mit und plazierten sich auf den zwei ersten Plätzen der GT-Wertung unter Bondurant/Grant und Sears/Whitmore. Da Ferrari aus seinem Schmollwinkel in der Prototypenklasse zurückgekehrt war, taten sich die GT40 schwer, zumal deren Radaufhängung immer noch etwas zu schwach ausgelegt war. Ein Wagen fiel auch deswegen aus.

Am folgenden Wochenende war es Zeit für die TT auf Oulton Park. Alan Mann meldete ein Coupé Daytona und Jack Sears als Fahrer, ebenso kam Willment mit einem Daytona. Vier Roadster waren auch dabei, zwei davon von Ratford Racing, einer von Alan Mann und der vierte — der Ex-Atkins Wagen — von Chequered Flag eingesetzt. Das Rennen bestand aus zwei Läufen und im ersten verweigerte das Sears-Auto die Arbeitsaufnahme. Der Wagen mußte aus der Boxengasse heraus angeschoben werden und bekam zwei Strafrunden. Frank Gardner im Willment Coupé verbuchte das beste Ergebnis mit einem zweiten Platz hinter einem Ferrari GTO. Sir John Whitmore und Allen Grant folgten auf den nächsten Plätzen. Sears wurde nur Achter, verbesserte aber den Rundenrekord für GT-Wagen viermal während des Rennens. Im zweiten Lauf verbesserte Sears den Rundenrekord wieder und wurde jetzt, ohne Strafrunden, Dritter in der Gesamtwertung. Er gewann auch die GT-Klasse. Die Ergebnisse beider Läufe aufaddiert zeigte Whitmore als Sieger der GT-Klasse, Grant war Dritter und Sears Vierter. Die schöne, hügelige Strecke von Spa-Francorchamps

1965 ging es am Nürburgring noch sehr familiär zu. Man fuhr auf der alten Nordschleife, die Zuschauer waren hautnah mit dabei. Von Fangzäunen und Sturzräumen noch keine Spur. Mit der Nr. 55: Sears/Gardner, Rang zwei in der GT-Wertung. Unten: Drei Wochen vor den 1000 km auf der »Grünen Hölle« war Oulton Park. Ein frustrierter, weil vom Reglement benachteiligter Jack Sears brannte mit seinem Daytona Rekordzeiten in den Asphalt. Es half nicht, mehr als Platz acht war für ihn nicht drin.

verweigerte sich auch in diesem Jahr den siegeshungrigen Cobra, obwohl diese auf dem Papier dafür wie geschaffen schienen: Bondurant wurde hinter einem privaten Ferrari GTO nur zweiter Sieger, da er viel Zeit an der Box verbracht hatte, um eine gebrochene Strebe reparieren zu lassen. Das zweite Coupé, von Whitmore gefahren, fiel mit starken Vibrationen im Getriebe aus.

Eingedenk der Erfahrungen vom Vorjahr hielt Shelby die Targa Florio nicht für ideales Cobra-Terrain — weder für Coupés noch Roadster — so daß das Team zu Hause blieb. Zum 1000-Kilometer-Rennen auf dem Nürburgring Ende Mai traten drei Daytona an, zwei unter Bondurant/Neerpasch und Gardner/Sears; den dritten hatte Ford France gemeldet und das Gespann Jo Schlesser/André Simon engagiert. Schon im Training zeigte Bondurant, was der Wagen konnte, als er den Rundenrekord unterbot. Er siegte

Obwohl 1965 in Le Mans fünf Daytona antraten, schaffte es Teamchef Carroll Shelby nicht, den Ferrari den Klassensieg streitig zu machen.

Nach der Halbzeit fielen die Wagen einer nach dem anderen aus. Der Wagen von Johnson/Payne blies seine Zylinderkopfdichtung durch.

überlegen im Rennen, seine beiden Markengefährten lagen direkt hinter ihm. Also gingen die drei Podestplätze an Cobra-Fahrer. Ein ähnliches Erfolgserlebnis war Shelby bei den vier GT40 leider nicht beschieden. Drei fielen aus und der vierte landete auf einem enttäuschenden achten Rang.
Für Le Mans 1965 stellten Ford und Shelby alles was sie hatten auf die Räder — fünf Daytona Coupé und sechs GT40, alle unter verschiedenen Teams gemeldet, da jedes Team nur eine bestimmte Anzahl an Autos einsetzen durfte. Leider hatte man eine klitzekleine Kleinigkeit übersehen: Die Motorabteilung von Ford mußte zur gleichen Zeit auch die Motoren für Indianapolis aufbauen, und die Motoren für Le Mans hatten darunter zu leiden. Die Cobra hatten den erprobten 289er Motor, die GT40 den 289er, teilweise auch den neuen 325er. Die beiden Mark II GT40 hatten den 427er Motor.
Nach dem ersten Viertel des Rennens waren alle GT40 ausgeschieden. Die Daytona sahen aber noch gut aus, wenigstens bis zur Halbzeit. Der Wagen mit Jo Schlesser/Allen Grant mußte zuerst mit defekter Kupplung abgestellt werden, dann folgte ihm der Daytona des britischen Duos Peter Harper/Peter Sutcliffe. Um vier Uhr morgens verabschiedete sich das Coupé von Bob Johnson/Tom Payne mit defekter Kopfdichtung. Danach folgte der Wagen von Dan Gurney/Jerry Grant mit ausgebrannter Kupplung. Es blieb das Coupé von Jack Sears und Dick Thompson — und das war eine lahme Krücke: Nach einer Kollision mit einem langsameren Wagen konnte der Motor nicht mehr richtig gekühlt werden. Er kam trotzdem auf einem achten Gesamtplatz und notierte den zweiten Platz in der GT-Kategorie. Wenn man bedenkt, mit wievielen Autos Shelby in dem Jahr antrat, war das Ergebnis mit Sicherheit das schlechteste in seiner ganzen Karriere als Teamchef.
Trotz der Le-Mans-Pleite standen die Cobra-Coupé kurz vor dem Titelgewinn in der GT-Kategorie. Schon im nächsten Rennen in Reims war alles unter Dach und Fach: Nur zwei Wagen gingen an den Start, beide von Alan Mann Racing eingesetzt und gesteuert von Bondurant/Schlesser und Sears/Whitmore. In dieser Reihenfolge passierten sie auch die Ziellinie.

Einer kam durch: Die Nummer 11 sieht zwar schwer ramponiert aus, hatte aber als einziges Auto des Shelby-Teams die Nacht in Le Mans überstanden und belegte in der Endabrechnung einen achten Platz. Für Schlesser/Grant in Wagen 12 war das Rennen schon viel früher zu Ende, ihr Wagen verabschiedete sich mit Kupplungsschaden aus dem Rennen und eröffnete den Ausfall-Reigen.

Jetzt gab es keinen Grund mehr, mit einem Werksteam anzutreten, und mit Ausnahme der Coppa de Enna auf Sizilien im August nahm das Team offiziell auch nicht mehr teil. Warum Shelby genau diese Veranstaltung wählte, ist ein Geheimnis. Der Streckenverlauf war dem der Targa Florio ähnlich. Doch jetzt, als es um nichts mehr ging, höchstens um die Ehre, hielten die Autos bis ins Ziel, wo sie einen Doppelsieg feierten.

Zurück in den USA waren die 500 Kilometer von Bridgehampton das letzte Rennen in der FIA-Meisterschaft. Shelby rollte nur ein paar FIA-Roadster an den Start. Im Rennen fiel Payne aus, aber Johnson wurde Gesamtsiebter und gewann die GT-Klasse. Für die Cobra war das der letzte Auftritt, der Schlußstrich nach einem erfolgreichen Jahr in der internationalen Rennszene.

Trotz des Fiaskos von Le Mans machte das Shelby-Team schon in Reims alles klar: Bondurant/Schlesser (Wagen 26) und Sears/Whitmore (Nr. 27) überquerten in schöner Eintracht die Ziellinie — waren allerdings dreißig Runden auseinander. Goodyear lag diesmal mit seiner Anzeigenkampagne goldrichtig — was ja nicht immer der Fall gewesen war.

Nach einem zögerlichen Anfang mit den GT40-Prototypen mobilisierte Ford 1966 — auf höchste Weisung hin — alle Kräfte, um die Konkurrenz von Ferrari auszuschalten. Nur Shelby konnte das durchziehen, er stellte seine ganze Kraft und alle Kapazitäten, seiner Firma Ford dafür zur Verfügung.

Egal was über die Cobra in all den Jahren geschrieben und erzählt worden ist. Drei Jahre nach seiner Geburt konnte dieser anglo-amerikanische Bastard aus einem englischen Sportwagen Anfang der 50er und einem simplen amerikanischen V8-Motor mit Stoßstangen die Exoten dieser Welt nicht nur herausfordern, sondern auch besiegen. Der Erfolg kam in der letzten Minute: Ein oder zwei Jahre später wäre das unmöglich gewesen.

Cobra mit Schraubenfedern

Echte Cobra 427 SC, also Semi-Competition, sind rar. Der hier ist so ein seltener Vogel: CSX 3042. Sidepipes und Überrollbügel sind — korrekterweise — mattschwarz und nicht wie bei so vielen nachträglich aufgebauten Cobra verchromt.

Obwohl die Übergangslösung mit querliegenden Blattfedern und Einzelradaufhängung bei den ersten Cobra funktioniert hatte, war Carroll Shelby schon von Anfang an klar, daß das Fahrwerk dringend aufpoliert werden mußte, um so mehr, da der Siebenliter-V8 von Ford eingesetzt werden sollte, der 427. Abgesehen davon mußte diese Cobra-Version in genügend großer Stückzahl gebaut werden, um eine Homologisierung möglich zu machen.

Als Basis für den Rahmen dienten jetzt 4 Zoll dicke Rundrohre, bei Ace und den 289er Cobra waren sie 3 Zoll stark gewesen. Die Radaufhängung wurde für den Einsatz von Schraubenfedern ausgelegt. Das wurde bei Ford erledigt, Claus Arning, einer der Fahrwerkspezialisten beim zweitgrößten Automobilbauer der Welt, war dafür zuständig. Er nutzte dabei die modernste Computertechnik, die damals erhältlich war.

Verschwunden waren die Stahlblech-Träger, an denen die Blattfedern angelenkt waren; an ihre Stelle traten senkrechtstehende Rundrohre, die mit dem Hauptrahmen verschweißt waren und als obere Befestigungen für Federbeine und obere Dreiecklenker dienten. Diese Festpunkte waren mit Knotenblechen und diagonal mit 2 Zoll dicken Strebern verstärkt. Darum gruppierte sich eine Gitterrohrkonstruktion, die die beiden Dreiecklenker und Federbeine aufnahm. Der Rahmen selbst war durch vier Stützkreuze aus Rundrohren verstärkt worden, mit dem Rahmen verschweißt waren auch die Kreuzstreben, die die Spritzwand stabilisierten.

Diese zweite Chassis-Ausführung geriet deshalb bedeutend stabiler als die erste, was nicht nur wegen des zusätzlichen Gewichtes, das der 427er Motor auf die Waage brachte: Vor

Dieser Cobra wurde im Juli 1965 an Shelby ausgeliefert, danach allerdings holte ihn der Rennfahrer John Woolfe zurück nach England und ließ ihn zum Rechtslenker umbauen. Den 427 gab es immer nur mit Linkslenkung, so mußte Woolfe auf das Armaturenbrett eines AC 289 zurückgreifen. Wahrscheinlich wurde bei der Gelegenheit auch das europäische Typenschild angebracht. Ursprünglich rot lackiert, erhielt der Cobra ein schwarzes Kleid. In allen anderen Bereichen ist dieser Wagen allerdings in einem berückenden Originalzustand.

427er der Chassisnummern CSX 3125 bis 3158 waren im Heckbereich schmaler gehalten. In den nun nicht so breiten Radhäusern drehten sich »Sunburst«-Leichtmetallräder. Rechts: Zu Promotionszwecken schickte Shelby seinen Cobra-Caravan in die wichtigen Großstädte der USA. Auch das half, überall die Cobra-Legende zu verkünden.

allem das gewaltige Drehmoment des Siebenliter-V8 hätte den alten Rahmen in seine Einzelteile zerfallen lassen. Das das nicht übertrieben war, hatten schon Ken Miles Versuche gezeigt. Ende 1963 absolvierte er mit einem 427er in einem fast unveränderten Chassis mit Drahtspeichenrädern einige Gehversuche. Nach den ersten Proberitten mußte dieses Auto mit verbesserter Kühlung, Gußrädern und kräftigere Federn versehen werden.

Der mutige Miles fuhr den Wagen 1964 im 12-Stunden-Rennen von Sebring. Im Training brach der Wagen aus, drehte sich und traf den einzigen Baum an der Strecke. Eine harte Nachtschicht machte den Wagen wieder rennbereit, oder eher bereit zum Hinterherrollen. Neben dem furchterregenden Handling, das er an den Tag legte, entwickelte der Wagen dann heftige Vibrationen und zerlegte sich nach und nach in seine Einzelteile. Auch Kupplung und Bremse mußten während des Rennens repariert werden, doch Miles und sein Partner John Morton gaben nicht auf. Zum guten Schluß schoß der Motor ein Pleuel durch den Block und das war es dann auch. Auf jeden Fall bewies das Experiment, daß ein neues Fahrgestell notwendig unabdingbar war, wollte man den großen Motor einsetzen.

Und der größere Motor mußte unbedingt kommen. Ford hielt das Entwicklungspotential des kleineren 289ers für ausgereizt. Ein aufgebohrter 325er — das Limit für dieses Kurbelgehäuse — war im GT40 erprobt worden, konnte aber nicht überzeugen, da er nicht ausgereift war. Außerdem hatte Chevrolet beim Sting Ray — dem größten Cobra-Konkurrenten im Ringen um die amerikanische Serienmeisterschaft — den Motor auf 366 Kubikzoll vergrößert und arbeitete mit Hochdruck an der Entwicklung eines 396-427 Big-Block-Motors. Erfolge im Motorsport bringt Publizität, zwar wollte die Ford Motor Company keine Cobra verkaufen, doch Siege »powered by Ford« waren höchst interessant, da sie den Verkauf von Autos wie dem Mustang und Eisenhaufen wie dem Fairlane förderten.

Den großen Big-Block-Motor gab es von Ford in verschiedenen Ausführungen, der für die NASCAR-Serie entwickelte »Side-Oiler« (trockengeschmiert) schien ein denkbarer Kandidat zu sein. Der Motor schaffte leicht 480 PS und das gleiche Drehmoment in Pfund per Fuß — 663 Nm. Selbst ohne Miles Experimente und die Erfahrungen in Sebring sah jeder ein, daß ein neues Fahrgestell her mußte.

Da es um Racing ging, mußten zuerst die geforderten 100 Cobra mit 427er Motor gebaut werden, und das in Rennsport-Ausführung, bevor man sich Gedanken um eine Serienproduktion machte. AC Cars Ltd. baute die zwei ersten Vertreter des neuen Modells und lieferte beide am 23. Oktober 1964 aus. Der erste war allerdings nicht in Rennausführung und ging direkt an Ford zu Versuchszwecken. In den Papieren des zweiten steht schon »Race Car« und er ging zu Shelby in Los Angeles. Diese zwei hatten die Fahrgestellnummern CSX 3001 und 3002, der letztere ausschließlich für Rennen gebaut und von Shelby in Rennen eingesetzt. Er hatte den Side-Oiler, also Trockensumpfschmierung (wobei sich der Öltank im rechten Vorderkotflügel befand), hatte aber den kleinen Lufteinlaß des 289ers anstelle des großen Mauls, das später die Serien-427er aufweisen sollten.

Erst ab Januar 1965 verließen die Homlogations-427er das Werk in Thames Ditton, die Auslieferung begann mit den Nummern CSX 3003 und 3004 am 1. Januar. Ende des Monats stand die CSX 3022 zur Auslieferung an, im Februar wurden weitere 25 Autos produziert. Die Zielvorgabe konnte bei diesem Tempo nicht eingehalten werden, aber wie im vorigen Kapitel beschrieben, gab es wegen der Homologation noch ganz andere Schwierigkeiten.

Im März gingen fünf Autos raus und damit endeten alle Pläne, den Termin rechtzeitig zu halten. Die Nummernserie kletterte bis zur CSX 3055, und dazu kam später noch ein Auto mit der Nummer CSX 3063 — wie gesagt,

100 Stück waren geplant gewesen. Die Nummer 3063 hatte einen um 7,5 Zentimeter längeren Radstand, ging zu Ghia in Italien und diente als Basis für eine neue Karosseriestudie. Die Nummern CSX 3027, 3054 und 3055 (die zwei letzeren mit Rechtslenkung) gingen direkt vom AC an die Ford-Entwicklungsabteilung in Slough vor den Toren Londons, und danach an die Karosseriefirma Harold Radford. Der CSX 3054 erhielt den von Peter Brock gestylten, modifizierten Daytona-Coupéaufsatz, die Arbeit wurde aber damals nicht zu Ende geführt. Die beiden anderen Chassis wurden anscheinend bei Radford nicht neu eingekleidet. John Willment erwarb die Chassis-Nummer CSX 3055 und versah sie mit einer modifizierten Karosserie, die ursprünglich zu einem Fiat 8V der 50er Jahre gehört hatte.

Als die Renn-Roadster nach und nach in der Shelby-Zentrale auf dem West Imperial Boulevard neben Flughafen von Los Angeles eintrafen, dürften sich Shelby und andere gefragt haben, warum sie sich diese Mühe überhaupt gemacht hatten: Es gab bedeutend bessere Rennwagen, und die kosteten kaum mehr als ein Cobra (der etwa bei 10.000 Dollar lag). Die Möglichkeit, den Wagen zu homologieren, entschwand gerade zu der Zeit in weite Fernen, und die Entwicklung im Rennwagenbau mit großmotorigen Sportwagen nahm damals eine ganz neue Richtung. Großes Kundenpotential hatte der neue Cobra nicht. Einige fanden trotzdem den Weg zur Rennstrecke, und mäßig erfolgreich waren sie auch, da sie die SCCA Klasse A-Meisterschaft vier Jahre hintereinander gewannen — 1965 bis 1968.

Am 2. April verließ der erste Serien-427, CSX 3101, das Werk und flog per TWA-Maschine nach Los Angeles. Er war unlackiert, als aber sechs Wochen später die eigentliche Serienfertigung anlief, wurden sie in Thames Dutton lackiert und erreichten zumeist auf dem Seeweg die Neue Welt.

Jahrelang hat man die Straßenversionen des Cobra 427 als Mark III bezeichnet, was völlig falsch ist. AC selbst bezeichnete sie immer als »Mark II« und so steht es auch in allen Papieren.

Von den ersten Homologationsexemplaren fanden nur 16 Stück Besitzer, die SCCA-Rennen fuhren. Die restlichen blieben einfach draußen vor Shelbys Halle stehen, einige mit der Zeit aufgebockt, da ihre seltenen Halifax-Räder für andere Cobra gebraucht wurden. Ein Vertreter von der Ostküste, Charles Biedler, sah diese Ansammlung von Autos, einige noch unlackiert, und meinte, man könnte sie mit einem Minimum von Änderungen in Super-Cobras verwandeln.

Shelby war begeistert — einmal von der Möglichkeit, die letzten Beweise seines Fehlschlags loszuwerden, zum anderen, damit womöglich auch noch Geld zu verdienen. Er rieb seine magische Lampe, es erschien ein guter Geist, und der materialisierte sich in kürzester Zeit im 427 SC — SC stand für Semi-Competition, Halbrenner. Der gute Geist hatte allerdings auch nur sehr wenig bei der Geburt zu tun. Der trockengeschmierte 427 Motor blieb, trug jetzt aber Guß-Zylinderköpfe und eine niedrigere Verdichtung von 10,4:1. Das leicht gewinkelte Ansaugrohr trug zwei 4v 600 Holley-Vergaser, viele Besitzer bevorzugten den einzelnen 4v 750-Holley wie bei den Rennwagen. Für Stadtverkehr erhielt der Wagen einen thermostatgesteuerten Ventilator.

Die Radaufhängungen der Rennwagen waren in Bronzebuchsen gelagert, beim SC bestanden sie, wie bei den Serienwagen, aus Gummi. Die Räder stammten von Halifax — 7,5 Zoll vorn, 9,5 hinten — und als der Halifax-Vorrat versiegte, wurden einige SC mit den gleichen Rädern wie die GT40 bestückt. Die Karosserie blieb unverändert, abgesehen von einer dünnen Lippe oberhalb des Radkastens und der serienmäßigen großen Windschutzscheibe, die bei den Rennwagen auf Wunsch erhältlich

Der Woolfe-427er verdiente auch in den 80ern noch einen Platz im Buch der Rekorde: als der Serienwagen, der mit den schnellsten Beschleunigungszeiten aufwarten konnte: 0-60 mph (96 km/h) in 4,2 s, 0-100 mph (160 km/h) 10,3 s, 0-400 m 12,4 s — kein Wunder, daß die Passanten stehenbleiben und staunen, kein anderes Auto sieht schon im Stand so schnell aus wie ein Cobra. Einige Detailansichten von diesem Wagen: Die Fahrgestellnummer ist bei den Cobra mit Schraubenfedern am Federbeindom vorne rechts zu finden, diese Nummer findet sich auch (völlig unüblich) am Einlaßkrümmer. Daneben das typische Cobra-427-Typenschild von Shelby (AC wird dabei nicht erwähnt), dann der Tankdeckel (baugleich mit dem des AC 289 und bei allen 427ern außer den Renn - und SC-Varianten verwendet) wobei das Emblem alle 427er (und die späten Blattfeder-289er) schmückte.

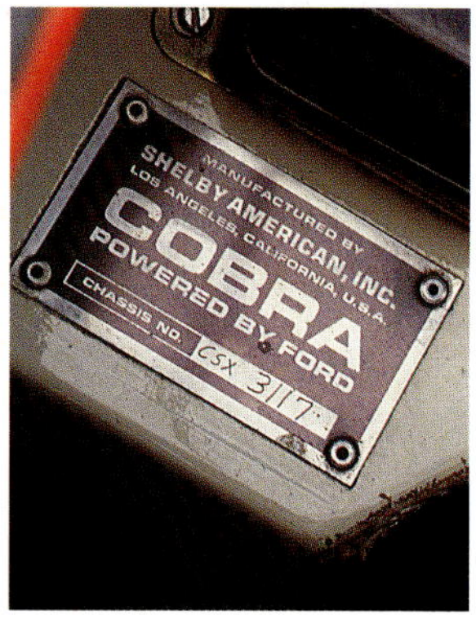

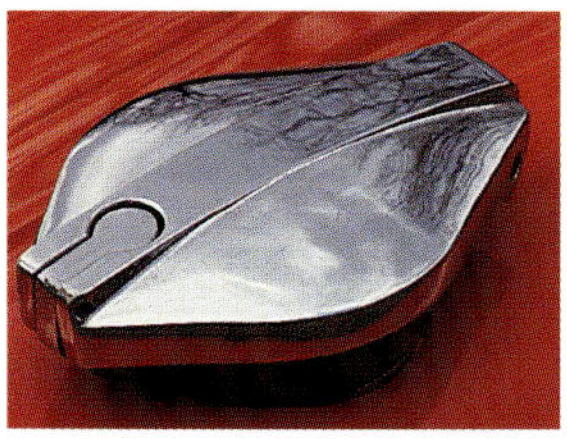

waren. Andere Unterschiede zu den normalen 427ern bestanden im großen Luftsammler auf der Motorhaube, den seitlich liegenden Auspuffrohren und den sichtbaren Nieten, die Karosseriefront und Rahmen verbanden.
Echte SC gab es nur bis zur Fahrgestellnummer CSX 3055 und 31 Stück sind verkauft worden. Keine Fahrzeuge mit Nummern jenseits von CSX 3100 sind je von Shelby als CS angeboten worden.
Die normalen 427er Straßen-Roadster, die jetzt regelmäßig von AC ausgeliefert wurden, hatten die gleiche Karosserie wie die Rennversionen, also die breiten Lippen an den Radkästen, aber ohne die Hutze auf der Haube oder die seitlichen Auspuffrohre. Im Mai 1965 bekam die Karosserie ab CSX 3125 ein schmäleres Heck mit weniger markanten Lippen. Ab der Nummer CSX 3158, die das Werk am 24. Juli 1965 verließ, waren die dicken Backen wieder da. Das lag daran, daß die Wagen gelegentlich mit

Zwei 427 der ganz anderen Art: Oben der CSX 3055, den John Willment mit einem modifizierten Aufbau vom Fiat V8 versah. Unten die Nummer CSX 3063 mit 150 mm längerem Radstand, ein Cabriolet im typisch italienischen Styling der 60er Jahre. Beide Karosserie-Entwürfe stammten übrigens von der Carozzeria Ghia in Turin.

übriggebliebenen Rennkarosserien ausgestattet wurden. Als die Restbestände aufgebraucht waren, reduzierte das Werk die hintere Spurweite und damit auch die Heckbreite der Serienautos. Auf Kundenwunsch kehrte aber dann das breite Heck zurück, trotz der ungünstigeren Optik mit Straßenbereifung.

Den trockengeschmierten 427er-Motor gab es für das Straßenmodell nicht, dort verfügte er über die Naßsumpf-Schmierung: Diese schickt das Öl zuerst an die Ventilhebel und Ölfilter und erst danach an die Kurbelwelle. Der Trockensumpfmotor versorgt zuerst die Kurbelwelle. Ein offensichtlicher Unterschied zwischen den beiden sind die Froststopfen. Bei dem Trockensumpfmotor sind sie eingeschraubt, beim Naßsumpf sind sie eingepreßt. In Serie hatten diese Motoren ein leicht gewinkeltes Ansaugrohr für die Ford Autolite-Vergaser. In schnellen Kurven litten sie allerdings — ein chronisches Leiden — unter Benzinmangel und viele Besitzer rüsteten später ihre Motoren mit anderen Ansaugrohren und Vergasern um. Beide Varianten — Naß- und Trockensumpf — waren mit 107,4 x 96,0 mm Bohrung und Hub gleich ausgelegt. Die Guß-Kurbelwelle war fünffach gelagert, ab 1965 gab es auch eine Stahlvariante (»Le Mans« genannt) mit anderen Pleueln. Die obenliegenden Ventile wurden über Kipphebel, Stoßstangen und Drücker betätigt.

Keiner dieser Motoren entstand in großen Stückzahlen und nicht einmal Shelby konnte sicher sein, regelmäßig beliefert zu werden. Das war ein Grund (aber auch des Profites wegen), weshalb er begann, viele Cobra 427 mit dem 428 Police Special Interceptor zu versehen. Dieser Motor gehörte in die gleiche Ford-Familie, hatte aber weniger Bohrung und größeren Hub (104,9 x 101,1 mm). Die Hauptlager hatten keine gekreuzten Überfälle und die Kipphebel waren hydraulisch justiert. Die angegebene

Leistung lag mit 350 PS bedeutend niedriger als beim 427, der Drehmomentverlauf war aber fast gleich.
Es sollte hier erwähnt werden, daß amerikanische Leistungsangaben sehr vorsichtig betrachtet werden müssen. Ich möchte beinahe wetten, daß kein serienmäßiger 427er je die angekündigten 480 PS erreichte, oder überhaupt auch nur in deren Nähe kam. Diese 428er Motoren kosteten nur die Hälfte dessen, was für einen 427er verlangt wurde, und Shelby machte deshalb einen guten Schnitt. Trotzdem tauchten dann später in der Produktion immer wieder 427er-Motoren auf, scheinbar zufällig, wahrscheinlich aber für begünstigte Kunden.
Bei den im 427er verwendeten Getriebe handelte es sich um den üblichen Ford Top-loader, so genannt, weil die Innereien durch eine Deckplatte auf der Oberseite zugänglich waren. Das Gehäuse bestand aus Gußeisen, die Zahnräder waren kräftiger als die im Borg Warner-Räderwerk der ersten Cobra. Es war ein schweres Getriebe und ziemlich schwer zu schalten, doch es erfüllte seinen Zweck. Unter den drei oder vier Autos mit Automatikgetriebe befanden sich auch zwei mit Kompressor-Aufladung, die Shelby für sich persönlich und für einen Kunden bauen ließ.
Die Innenausstattung ähnelte der der früheren Modelle, mit aber etwas größeren Sitzen. Windschutzscheibe und Verdeck waren ebenfalls gleich, lediglich die Haube hinten war etwas anders ausgelegt und paßte sich so den zwei verschiedenen Heckvarianten an. Normale Straßenwagen hatten Sunburst-Räder mit zehn Speichen und 7,5 Zoll Breite vorn und hinten. Einige Exemplare mit dem schmäleren Heck rollten auf GT40-Rädern der gleichen Dimension.
Im Jahre 1965 gingen 100 Roadster von England nach Kalifornien und erhielten dort den letzten Schliff. Diese Produktion umfaßte alle Wagen bis einschließlich CSX 3201, der in typischer AC-Art, das Werk am 24. November verließ, obwohl einige mit höheren Nummern schon früher im November das Werk verlassen hatten. Ein Auto aus dieser Jahresproduktion, CSX 3150, blieb in England, kam zunächst zu Ford Advanced Vehicles in Slough und wurde später auf dem Autosalon in Brüssel ausgestellt.
Ein neuer Vertrag mit Shelby begann mit dem CSX 3202, die erste Lieferung von zehn Autos verließ das Werk am 10. Januar 1966. In der Art ging es das restliche Jahr über weiter, gruppenweise wurden die Autos per Schiff nach Kalifornien verschickt. Eine typische Lieferung war etwa die vom April, als die *SS Risanger* zwei silbergraue, vier rote, drei grüne und einen weißen Cobra mitbrachte. Alle Wagen verfügten über die schwarze 427er-Innenausstattung.
Das Ende war aber nahe. Shelby und Ford waren aus dem Cobra-Alter hinausgewachsen und konzentrierten sich auf den GT40. Die alte Schlange ging in Ruhestand. Gut, sie hatte die FIA-Weltmeisterschaft 1965 für ihre Herren gewonnen, mußte aber jetzt GT40 und Shelby-Mustang weichen. Die letzte Lieferung, neun Autos, verließ das Werk am 28. Dezember 1966 und ging mit der *Loch Loyal* in die USA. Zwei weitere Chassisnummern, CSX 3359 und 3360, sind zwar in den Werksunterlagen verzeichnet, Auslieferungstermine sind aber keine vermerkt und es ist möglich, daß sie bei AC in Thames Ditton nie fertiggestellt wurden.
Fünf 427-Chassis der 1966er Produktion blieben in Europa. CSX 3217 ging zu Ford Advanced Vehicles, wo es für Rennzwecke modifiziert wurde und anschließend in Rennen und Bergrennen auf dem Kontinent eingesetzt. CSX 3222 und 3301 geschah das gleiche, letzterer endete anschließend in Frankreich. Zwischen CSX 3174 und 3175 fertigte das Werk zwei Chassis außerhalb dieses Nummernkreises — CSX 5001 und 5002. Diese zwei gingen zu Ghia nach Italien und bekamen dort Cabrio-Karosserien.
Der 427 und besonders der 427 SC gelten unter Anhängern der Marke oft als ultimative Cobra und werden deshalb oft kopiert, oft leider auch sehr schlecht kopiert. Ich dagegen, und manche mit mir, bevorzugen die ersten blattgefederten Varianten.
Irgendwie liegt der leichtere Wagen mit dem kleineren Motor besser, handlicher. Trotz des solideren Chassis und der verbesserter Aufhängung, die die 427er auszeichnet, sind die früheren Modelle gutmütiger und weniger provozierend — man kommt nicht so schnell in unmögliche Situationen. Selbstverständlich ist ein Serien-427er das schnellere Auto, in Spitze und Beschleunigung; der kleinere 289er kann aber, wenn tüchtig gefahren, problemlos auf einer engen, kurvigen Straße mithalten. Ein getunter 289er hat auf jeden Fall mehr verwertbare Leistung als ein 427er, der für seine Größe und sein Gewicht zu viel davon hat.
Auch die Optik des 427 muß man lieben oder hassen. Ich persönlich finde ihn zu aufgeblasen, eine nicht gelungene Weiterentwicklung des ersten Roadsters. Dies gilt vor allem wenn der Wagen auf schmalen Serienreifen rollt, aber wie die meisten 427er, hinten das Breitspur-Fahrwerk hat.
In einem Bericht testete 1974 *Road & Track* einen gebrauchten 427 mit Trockensumpfschmierung. Der Schreiber, übrigens auch der Besitzer des Wagens, kritisierte die modifizierte Pedalanordnung, die Hitze im Cockpit sowie das relativ primitive Verdeck. Lenkung und Bremsen wurden gelobt, wie auch das Getriebe. Die eigentlichen Leistungszahlen wurden von früheren Meßwerten abgeleitet und die Zeitschrift gab auch zu, nie zuvor einen

Carroll Shelbys Privatauto: unter der Haube kauerten zwei Paxton-Kompressorlader, Bügel und Sidepipes waren verchromt und verleihen so auch heute noch den Replika-Anbietern die entsprechend verchromte Teile anbieten, einen Hauch von Legitimation.

Serien-427er getestet zu haben. Die Spitzengeschwindigkeit betrug demzufolge 260 km/h, die Geschwindigkeiten in den übrigen Gängen betrugen 202, 181 und 123 km/h. Unter den Beschleunigungszahlen lesen wir 5,3 Sekunden von Null auf 96 km/h (60 mph), Null bis 128 km/h (80 mph) in 9,4 Sekunden und Null bis 160 km/h (100 mph) in nur 13,0 Sekunden. Die Viertelmeile aus dem Stand wurde in 13,8 Sekunden zurückgelegt — schnell, aber keine offensichtliche Verbesserung gegenüber dem 289.
Road & Track hatte 1968 Shelbys privaten Cobra getestet, mit 427er Motor, doppeltem Paxton-Kompressor und Automatikgetriebe. Laut Shelby leistete der Motor 800 PS! Sei es drum, es war ein Monster, komplett mit verchromten, außenliegenden Auspuffrohren, Überrollbügel und großem Lufteinlaß. Er lief von Null bis 96 km/h in 3,8 Sekunden, Null auf 128 km/h in 5,6 und Null auf 160 km/h in 7,9 Sekunden. Die Viertelmeile verschluckte er in 11,9 Sekunden. Die Höchstgeschwindigkeit wurde mit 292 km/h angegeben, der Journalist war aber ehrlich genug, um zuzugeben, daß es sich dabei um einen theoretischen Wert handle, da der Wert nicht gestoppt, sondern anhand der verwendeten Übersetzung bei 7000 Umdrehungen ausgerechnet worden sei.
Es ist schwierig, konstante Leistungszahlen für den 427 zu finden, was ein Bericht in *Car and Driver* 1967 unterstreicht: Dieses Auto hatte den schwächeren 428 Police Interceptor Motor und erreichte trotzdem sensationelle Werte: Null auf 96 km/h in 4,3 Sekunden, Null auf 128 km/h in 6,2 und Null auf 160 km/h in 8,8 Sekunden. Die Viertelmeile wurde in 12,2 Sekunden bewältigt. Auch hier wurde die Hitze im Cockpit erwähnt und das umständlich zu bedienende Verdeck, dessen Bedienung einen »Doktorgrad in Konstruktionswissenschaft« verlange, um verstanden zu werden.
Generell scheint, daß die Amerikaner die Softtops der Ace und der Cobra nicht mochten. In Wirklichkeit ist ihr Aufbau allerdings kein Hexenwerk und läßt sich leicht montieren. Das Verdeck paßt gut und alle Teile können schön verpackt werden, wenn sie nicht gebraucht werden. Natürlich, der Cobra sieht am besten »oben ohne« aus, doch, einmal aufgebaut, liegt das Mützchen schön straff an und verkraftet Tempi bis 160 km/h — wahrscheinlich sogar mehr, und das hält der Fahrer bestimmt nicht durch: Windgeräusche, Auspuffsound und Motorgeräusche führen zu einem infernalischen Geräuschcocktail. Das Verdeck hält sogar gegen leichtere Regenschauer dicht, das meiste Wasser kommt sowieso von unten, sollte es ordentlich regnen.

Ein Blick in den Maschinenraum eines 427 SC mit »Side-Oiler«. Motoren mit Trockensumpfschmierung kamen normalerweise nur bei den Renn- oder SC-Versionen zum Einsatz. Ein Blick auf das Armaturenbrett belegt, daß es sich hier um einen SC handelt. Wunderschön gemacht, das Arrangement der Smiths-Instrumente.

Der europäische AC 289

Während der Produktionsgeschichte des 427ers, der ausschließlich in den USA vermarktet wurde, baute AC außerdem eine kleine Serie Autos, die AC 289 Sports hießen. AC hätte den Namen »Cobra« durchaus verwenden dürfen, Ford hatte nichts dagegen, doch AC verzichtete darauf. Möglicherweise hatte man in Thames Dutton etwas gegen Shelbys Cowboy-Mentalität und dessen ständige Versuche, den AC-Anteil unter den Tisch fallen zu lassen und statt dessen den Cobra als sein »Baby« auszugeben. Vor allem das dürfte wohl der Grund gewesen sein, warum die letzten hergestellten Autos den Namen von AC trugen.
Die allerletzten Versionen der britischen und europäischen

Vielleichts liegt's an den Speichenrädern: Irgendwie wirkt dieser 289, der nach der Ära des 427 entstand, klassischer und für einen Sportwagen der 60er typischer als der breitschultrige und fett bereifte US-Cobra. AC in England baute für den europäischen Markt noch einige 289er, die Steinschutzschlagecke aus Gummi brachte der Besitzer nachträglich an. Im Gegensatz zur stärkeren US-Cobra findet sich am Instrumentenbrett dieses Wagens noch eine Zeituhr, wie sie auch frühere Blattfeder-Autos aufwiesen.

Autos trugen Chassisnummern mit COB- und COX-Präfixen, den üblichen Bezeichnungen für Rechts- und Linkslenkung. Das erste Exemplar war der Vorführwagen des Werks, COB 6106, der am 13. Oktober 1965 angemeldet wurde. Die Nummernserie begann eigentlich mit 6101, aber dieses erste Exemplar verließ das Werk erst am 27. Juni 1966. Das letzte komplette Auto war der COX 6025, doch zwei weitere entstanden außerdem: COX 6026 ging nach Amerika ohne Motor und COX 6127, laut den Papieren nicht viel mehr als ein nacktes Chassis und ein paar Teile, ging am 15. Juli 1968 ab.

Der AC 289 hatte das gleiche schmale Heck wie die ersten 427er Serienautos, von denen ja etwas mehr als 30 entstanden. Deshalb wirkt die Optik harmonischer als bei

den meisten amerikanischen Varianten. Schön waren die Speichenräder, die alle AC 289 hatten. Ihre Optik erinnerte an die 50er Jahre, was dem Wagen viel besser stand als die verschiedenen, neumodischen Gußfelgen, die beim 427 Verwendung fanden.
Die kombinierten Rücklichter aller AC (außer den ersten Autos von 1953) und Cobra waren bei den späten Cobra 427 durch separaten Rück-/Stopplichter und Blinker ersetzt worden, so auch auf diesem Modell (abgesehen vom Prototyp). Das Auto trug keine Cobra-Embleme, sondern war vorn mit dem gleichen AC-Emblem geschmückt, das bei europäischen, blattgefederten Cobra am Heck zu finden war.
Der 289er Motor war die spätere Ausführung mit J-Type Zylinderblock. Der größte Unterschied zum Vorgänger bestand in der Anzahl der Schrauben, mit denen das Getriebe angeflanscht war: nun waren es sechs, früher fünf. Die Kraftübertragung erfolgte nach wie vor über die Box von Borg Warner.
Die Zeitschrift *Motor* testete 1967 den Prototyp, der als Vorführwagen gedient hatte und mittlerweile zwei Jahre alt war. Der Schreiber begann mit den Worten: »Das ist die Verkörperung des Vintage-Sportwagens, ein Macho-Auto, das einen unglaublichen Spaß vermittelt«. Auch später im Text finden sich interessante Passagen:
»Der 289 spielt charaktertreu die auferlegte Rolle eines Autos, dessen fabelhafte Leistung und Handling immer ein Genuß darstellt. Leider sind auch die negativen Seiten dort: den Fahrkomfort würden wohl die meisten als hundsmiserabel bezeichnen; das primitive Verdeck läßt man besser im Kofferraum, solange man nicht im strömenden Regen steht; Gepäckraum ist kaum vorhanden...«
»Mit 271 PS auf 950 Kilo ist der 289 der schnellste Wagen von Null auf 100 mph, den wir je getestet haben... Die Antriebsquelle ist sehr elastisch und das Getriebe exzellent. Sein Kurvenverhalten läßt sich bei auf der Straßen üblichen Geschwindigkeiten zum größten Teil mit dem Gaspedal kontrollieren, die Leistungsentfaltung ist aber besonders auf regennassen Straßen erstaunlich gut. Bei hohen Geschwindigkeiten, etwa um die 100 mph, schien er nicht so stabil zu liegen, wie wir erwartet hatten, was aber an verschlissenen Dreiecklenkern eines zwei Jahre alten Testwagens gelegen haben mag...«
»Als Liebhaber von Hochleistungswagen haben wir uns in den 289 sehr schnell verliebt, besonders ohne Verdeck, was den Motorgeräuschpegel und das Flattern des Verdecks minimiert... Ventilgeräusche sind deutlich hörbar, vor allem mit aufgezogenem Verdeck, ansonsten ist der Motor eher unauffällig. Unter normalen Bedingungen geht der Fahrer nicht über 4000 Umdrehungen. Gibt man Gas, passiert die 5000 und nähert sich dem Roten Bereich (der bei diesem unverwüstlichen Motor bei 7200 Umdrehungen beginnt, wird es etwas hektisch, aber nicht alarmierend...«
»Bei unseren Beschleunigungstests drehten wir bis 6500 Umdrehungen und erreichten 60 mph (96 km/h) in nur 5,6 Sekunden, 80 (128 km/h) in neun und 100 mph (160,9 km/h) in 13,7 Sekunden. Die Viertelmeile wurde in 14,4 Sekunden absolviert. Um die Spitzengeschwindigkeit zu prüfen, mußten wir in fremde Lande ziehen und ermittelten einen Durchschnitt bei Durchläufen in zwei Richtungen von 217,05 km/h, was einer Motordrehzahl von 6300 Umdrehungen entspricht.«
»Der Durchschnittsverbrauch über diese 1030 Kilometer lange Tour lag bei 17 Litern, allerdings mit längeren Etappen, die zwischen 140 und 160 km/h absolviert wurden... die Getriebeabstufung paßt, den kurzen Schalthebel zu bedienen ist ein Genuß...«
»Die Pedale sind gut für das Spiel von Fußspitze und Ferse; neben dem Kupplungspedal ist eine freie Fläche, auf der der Fuß etwas ausruhen kann, wo es aber gelegentlich heiß wird. Die Kupplung greift sanft und gut, doch der lange Pedalweg entscheidet über die Sitzposition. Und die ist ohnehin die anstrengendste, der wir seit langer Zeit begegnet sind.«
»Der 289 erfordert eine gewisse Eingewöhnungszeit. Anfangs fährt man zu langsam in die Kurven hinein und düst viel zu schnell heraus. Das Heck bricht zwar nicht aus, aber es gibt schnellere Möglichkeiten, Kurven schnell zu umrunden. Es lohnt sich, vorher zu bremsen und dann die Kurve mit gleichmäßigem Gas zu nehmen, bis der Ausgang sichtbar ist. Etwas mehr Gas hält das Heck unter Kontrolle, oder man läßt es etwas ausbrechen, eine Vorbereitung auf die Beschleunigung hin zur nächsten Geraden. Drängt das Heck etwas zu weit nach außen, geht man vom Gas, korrigiert etwas, und die Lage ist wieder unter Kontrolle...«
»Auf nasser Straße lernten wir, vorsichtig zu sein. Wir produzierten einmal einen ungewollten Drift, als wir zu einem Überholmanöver ansetzten. Runter vom Gas, und die Sache korrigierte sich von selbst. Danach fuhren wir einen Gang höher als auf trockener Straße. Das verringerte das Drehmoment, ohne daß darunter die wunderbare Beschleunigung litt.«
»Das ganze wird von der exzellenten Lenkung unterstützt, die ein genau richtiges Gefühl für schnelles, sicheres Fahren gibt. Ein Kickback beim Fahrer über Hügel kommt vor — die Übersetzung ist aber genau richtig und das Lenkverhalten im Stadtverkehr leicht. Selbst sehr hohe Geschwindigkeiten erfordern nur eine leichte Hand am Lenkrad, selbst im 100-Meilen-Tempo lassen sich ohne

Die Zeitschrift *Motor* testete am 14. Oktober 1967 einen AC 289. Der Testbericht war der wohl fundierteste Testbericht, der seinerzeit von diesem Auto veröffentlicht wurde. Dennoch hat es den Testern wohl Spaß gemacht, es fällt jedenfalls schwer, ein Urteil darüber abzugeben, wer breiter grinst: der Testfahrer oder der Cobra...

Krafteinsatz problemlos selbst beachtliche Kurven umrunden. Diese Feinfühligkeit bei hohem Tempo läßt kein Raum für schwere Hände oder Füße. Etwas beunruhigend auch ein leichtes Ziehen nach rechts, wenn der Gashahn nach einem schnellen Sprint zugedreht wird.«

»Dieser Richtungswechsel kommt von den Hinterrädern, vermutlich weisen neue Wagen, oder Wagen, die nicht als Testwagen geschunden wurden, diese Unart nicht auf. Wahrscheinlich sind die Lager der Dreiecklenker verschlissen«.

»Auf der Straße tun sich die Bremsen schwer (kein Servo vorhanden), verzögern dafür aber kräftig und ohne Fading... Bei hohem Tempo auf gut ausgebauten Straßen ist der Cobra sehr komfortabel. Auf geflickten Straßen schüttelt sich gelegentlich die Hinterradaufhängung, ansonsten liegt der Wagen stabil und nicht einmal die Windschutzscheiben-Partie verwindet sich, selbst dann nicht, wenn das eigentlich zu erwarten wäre...«

Der Testbericht endet mit einer etwas humoristischen Bemerkung: »Der Wagenheber muß unter den Rahmenrohren angesetzt werden oder unter den Dreiecklenkern, aber mit einem platten Reifen gibt es sehr wenig Platz dafür. Man muß das Verdeck auf den Boden legen, sich selber hinlegen und dann darunterkriechen.«

Dieser Bericht ist so ausführlich zitiert, da er meiner Meinung nach einer der wenigen ist, das Auto objektiv betrachtet und seinem Charakter wahrhaft gerecht wird. Zum Beispiel ist die Macke mit der Hinterradaufhängung typisch für den Cobra — Ace übrigens auch —, sollten die Dreiecklenker verschlissen sein.

Die Versuchung, in die journalistischen Klischees der 60er zu verfallen, war einigen Journalisten zu groß. Der Höhepunkt dürfte wahrscheinlich der Bericht von Jefferson Howard Junior sein, der über den gleichen Testwagen schrieb (übrigens mit Kennzeichen KPD 150C). Die Geschichte hieß *Sweet Dreams*:

»Gelegentlich wird ein Traum wahr. Ich meine, irgend jemand gewinnt schließlich die wöchentliche Lottoziehung. Da stand dieses große Auto, verstehen Sie? Ich meine, Sie wissen schon, mit dicken, gewölbten Sachen über den Slicks und einem großen, breiten Maul.«

»Ich hätte es fast verpaßt. Die Produktion ist letztes Jahr eingestellt worden, aber unten an der Themse, jenseits von Kingston, gab es noch eines in Gefangenschaft. Es hat eine silberblaue Lackierung, die einem fast zwischen die Augen springt mit ihrem Glitzern. Ein Wochenende am Lenkrad war wie ein Date mit Brigitte Bardot. Ich meine, wild, Mann, so wild es nur geht.«

»Drück den stumpfen Schalter in den ersten Gang und tritt aufs Gaspedal. Und dann halt' dich fest, sofern du kein Raumanzug hast, denn hier geht's ab wie in Cape Kennedy. «

»Dahinten sind die anderen, verschwinden in einer Welle von Donnergrollen. Wie ein Schwarm Motorradrocker. Die Fensterscheiben klirren vielleicht nicht, sollten sie aber. Es fängt wie ein Quasseln an, geht in ein Knattern über, und ab da gibt es nur noch Power-Wellen — Kaapow! Mit strammen Zügeln düst die Kiste ab, kontrolliert. Düsen offen, Bomben los und — weg! Nur ein Echo zeigt, wo sie eben noch war.«

»So gut kann es doch nicht sein! Doch Mann, richtig heiß ist sie! Man kommt überall mit heißen Füßen an und die Pedale glühen kirschrot.«

»Und dann Regen und dieses chinesische Puzzle für das Verdeck.

Es tropft Wasser auf die Knie, Dampf überall und heiß, heiß, heiß. Wen kümmert's? Dieses Auto ist zum Fahren da. Zum Fahren. Fühlst dich gestreßt und eingesperrt? Geh einfach, Mann, mit dem Cobra die Straße runter und zurück und es geht dir besser.«

»Nicht zu haben und nicht zu finden, außer Reichweite

Keine dicken Backen mehr, aber beileibe nicht schwächlich: die AC-Roadster unterschieden sich von den US-Cobra durch das AC-Logo anstelle von Shelbys aufgerichteter Cobra und die Heckleuchten.

wie ein Stern. Ich brachte den Wagen zu dem Mann im Zentrum zurück. Es ist sein Preis und er läßt ihn nie wieder los, sei denn, er wird verrückt oder was. Kostet ja drei Tausender, und das Geld haben wir nicht.«
Ich kann nur sagen, ich bin froh, daß Howard Junior und andere wie er nicht das Geld hatten, einen Cobra zu kaufen. Sei's drum, nach Fahrgestellnummer COX 6025 verließen keine komplette Cobra mehr das AC-Werk. Fünf weitere Fahrwerke wurden nach den zwei letzten (COX 6126 und 6127) gebaut, sie hatten die Fahrwerksnummern 6128 bis 6132. Sie hatten alle einen längeren Radstand und waren für die Produktion des Films *Monte Carlo or Bust* vorgesehen.

Nach dem Cobra

Kopiert zu werden, ist die schönste Form der Anerkennung. Nicht immer fällt die Kopie allerdings so überzeugend aus wie in diesem Fall. Der Autocraft »Mark IV« entstand aus den gleichen Werkzeugen wie das Original.

Selbst lange nach Produktionseinstellung konnten Cobra-Besitzer ihren Wagen immer nach Thames Ditton bringen, um Reparaturen oder Inspektionen durchführen zu lassen. Ein oder zwei Unfallwagen wurden außerdem komplett neu aufgebaut und Ersatzteile gab es genug. Zum Teil lag das an der Produktion des AC 428 Frua, der sehr viele Komponenten mit der zweiten Cobra-Serie gemeinsam hatte. Als Anfang der 70er auch dessen Herstellung auslief, und das Werk sich auf das nächste Projekt konzentrierte, der spätere Mittelmotorwagen ME3000, verschlechterte sich die Ersatzteilversorgung zusehends. Wenig Probleme auch bei der Beschaffung von Motoren und Getriebe, die waren in den USA immer verfügbar, es sei denn, der Kunde wollte einen echten Hi Po-289 (High Power) oder einen 427er mit Trockenschmierung. Wegen der geringen Stückzahlen waren sie schwer aufzutreiben, das galt auch für einige Versionen des Borg Warner T10 wie etwa das enggestufte M- (oder Sebring-)Getriebe und das K-Getriebe mit langem ersten Gang. Shelby unterhielt nie ein großes Ersatzteillager, seine Interessen lagen jetzt sowieso in anderen Bereichen.

Deshalb etablierten sich in den USA mehrere Spezialisten, die sich Cobra-Reparaturen, der Nachfertigung von Ersatzteilen sowie der Restaurierung widmeten. Nach und nach, als die Autos älter wurden und mehr und mehr

Aufmerksamkeit verlangten, entwickelte sich daraus eine richtige kleine Industrie. Als während des Oldtimer-Booms die Cobra-Preise explodierten und alle Welt nun einen Cobra haben wollte, gingen findige Anbieter dazu über, die Cobra-Nachfrage durch Nachbildungen zu befriedigen. Dabei lassen sich drei Richtungen unterscheiden.
Die erste finde ich persönlich zwar geschmacklos, dafür aber relativ harmlos — die unzähligen Replikas, die in den letzten 20 Jahren entstanden sind. Das Angebot reicht von einfachen Kunststoff-Karosserien, die auf die Bodenplatte eines normalen Autos gestülpt werden, vielfach mit einem viel kleineren Serienmotor über ernsthaftere Versuche, das Originalauto nachzuempfinden bis zu fast exakten Kopien von Chassis und Antriebsquelle, verkleidet von qualitativ hochwertigen Kunststoffkarosserien oder sogar solchen aus Aluminium. Selbstverständlich handelt es sich dann beim Motor um einen V8 amerikanischer Provenienz.
Diese Replikas legen auch Wert auf eine exakte Nachbildung des serienmäßigen Cockpits, wozu in diesem Fall auch Windschutzscheiben und andere Details gehören.
Wie groß der Markt ist, zeigt sich, wenn Zahlen auf den Tisch kommen. Eine mir bekannte Firma hat in den letzten Jahren 2000 Rahmen für die Windschutzscheibe hergestellt. Zwar dürften sie gelegentlich als Ersatzteile bei echten Cobra-Modellen verwendet worden sein, doch mit den 2000 Stück hätten alle jemals gebauten Cobra mit je zwei Scheiben ausgestattet werden können. Und es gibt mehrere Firmen, in den USA wie in England, die dieses Produkt im Angebot haben...
Einige Replika-Hersteller — meistens Kit-Lieferanten aber auch Anbieter von Komplettfahrzeugen — sind schon jahrelang im Geschäft und erfreuen sich, dank der relativ großen Stückzahl, eines gewissen Rufs. Gelegentlich wird ihr Treiben auch von Persönlichkeiten wie Carroll Shelby oder John Tojeiro abgesegnet, wobei man dabei ziemlich sicher sein kann, einen qualitativ hochwertigen und originalgetreuen Nachbau zu erwerben. Doch Vorsicht: Diese Autos, so gut sie auch sein mögen, sind keine echten AC Cobra und haben mit denen auch nichts gemeinsam. Eine chinesische Plastikfigur in einem Souvenirladen hat auf ähnlicher Weise genau so viel — oder eher: wenig — mit dem kostbaren Original im Museum zu tun.
Der zweite Trend in der Cobra-Szene ist nicht nur geschmacklos, sondern auch unseriös, was allerdings verschiedene Figuren nicht daran hinderte, den Trick nicht nur einmal durchzuführen — oft allerdings etwas zu offensichtlich. Dabei geht es um regelrechte Fälschungen, die meist damit beginnen, daß irgendwo einige Überreste eines echten Cobra auftauchen. Das kann in verschiedenen Formen passieren, doch in jedem Fall muß man vor den Gaunern den Hut ziehen, da sie in der Lage sind, auch unter widrigsten Umständen fast unidentifizierbare Cobra-Fragmente oder einen Cobra, der nur 99 Prozent unvollständig ist, zu entdecken. Durch Zufall — oder Glück — wird es dann, oh Wunder über Wunder, doch noch möglich, diese Metallstückchen zweifelsfrei als die Überreste einer gewissen Chassisnummer zu identifizieren!
Solche Autos scheinen ihre Einzelteile oft in weitem Umkreis verstreut zu haben, nur so läßt sich wohl erklären, daß einzelne Komponenten an völlig verschiedenen Stellen auftauchen. Ein weiterer Trick, der in den USA gerne angewandt wird besteht darin, die Papiere, die Dokumentation eines Autos zu erwerben.
Einer dieser Tricks, oder eine Kombination aus mehreren davon, gibt dem Besitzer dann die Freiheit, einen nachweislich »echten« Cobra aufzubauen, oder einen Spezialisten mit dieser Arbeit zu betrauen. Komischerweise werden solche Objekte ganz oft verkauft, bevor sie vollendet worden sind...
Das exzellente Buch *Shelby American World Registry* ist in dieser Beziehung höchst aufschlußreich, weiß es doch von verschiedenen Fällen dieser Art und dem Einfallsreichtum ihrer Finder zu berichten. Einige Chassisnummern wurden wohl für bis zu drei verschiedene Autos vergeben. Die frei erfundenen Geschichten über die Herkunft solcher Kopien — die nie in Thames Ditton waren — sind wunderbare Beispiele schöpferischer Phantasie.
Es gab selbstverständlich Fälle, in denen die Leute guten Glaubens davon ausgingen, die echten Überreste eines bestimmten Cobra gefunden zu haben. Nicht selten stand der glückliche Finder dann mit hochrotem Kopf da, immer dann nämlich, wenn plötzlich der nachweisbar echte Wagen plötzlich auftauchte. Allerdings muß davon ausgegangen werden, daß der Trick im einen oder anderen Fall funktionierte und die Sache bis heute noch nicht aufgeflogen ist.
Ebenfalls nicht auszuschließen ist die Möglichkeit, daß auch in Zukunft Cobra-Überreste unter merkwürdigsten Umständen aufgefunden werden könnten. Sofern die Identifizierung hundertprozentig gelingt, wird dann auch der aus diesen Ruinen wiedererstandene Cobra seine Chassisnummer zu Recht tragen und als echter Cobra gelten können — auch wenn der Anteil an Originalteilen verschwindend gering sein sollte.
Die dritte Variante, die an sich abgeschlossene Geschichte der Cobra aus Thames Ditton fortzuschreiben, berührt die Aktivitäten eines gewissen Brian Angliss.
In den frühen 70ern baute dieser talentierter Herr einige AC-Chassis und auch ein oder zwei Cobra-Replikas. Sein Ruf wuchs und er begann recht früh mit der

Eine weitere Autokraft-Replika, aufgenommen 1983 an der alten Brooklands-Rennstrecke, unweit des Stammwerkes.

Reproduktion von Neuteilen. Das führte zur Gründung der Firma Cobra Parts in Chessington im südenglischen Surrey. Seine frühen Tage im Cobra-Geschäft beschrieb die Zeitschrift *Sporting Cars* im Oktober 1982: »Er restaurierte einen 7-Liter Cobra und nahm alle Maße als Hilfe für den Bau einer eigenen Replika. Dadurch brachte er sich ins Gespräch und erhielt sogar Ersatzteil-Anfragen aus den USA. Cobra Parts war im Geschäft. Jeder, der die Papiere eines AC Cobra vorweisen konnte, konnte bei ihm ein neues Auto bekommen. Er mied jede Publizität und versteckte sich hinter Postfachziffern und geheimen Telefonnummern, wurde aber von Enthusiasten immer wieder aufgespürt. Er mag noch heute kein Aufsehen und ließ sich nicht einmal für diesen Bericht fotografieren.«

Im Laufe der Jahre freundete sich Angliss mit Derek Hurlock an, dem ältesten Mitglied der Familie Hurlock die 1930 das AC-Werk vom Konkursverwalter gekauft hatte. Hurlock war von der Qualität dessen, was Angliss und seine Mitarbeiter leisteten, so beeindruckt, daß er ihm erlaubte, Teile und Komponenten für echte Cobra herzustellen. AC produzierte schließlich diese Wagen nicht mehr, und Hurlock war jetzt mit Projekt ME3000 beschäftigt und hatte seine Tätigkeitsfelder auch auf andere Gebiete ausgedehnt. Jahrelang hatte die Familie Hurlock alles andere gebaut, nur keine Sportwagen, etwa Feuerwehrfahrzeuge für Flugplätze, Golfcarts und die verschiedenen Versehrtenfahrzeuge, die Firma für die englischen Gesundheitsbehörde National Health Service fertigte.

Wiederum einige Jahre später konnte Angliss von AC einige Originalformen für die Karosserieherstellung kaufen und etablierte sich damit als offizieller Lieferant von originalen Cobra-Karosserieteilen. Der amerikanische Cobrafan Richard Buxbaum kam 1978 mit der Idee auf Angliss zu, komplette Kopien des 427 Cobra für den amerikanischen Markt herzustellen. Da es sich dabei um nagelneue Wagen handelte (und nicht um neu aufgebaute Oldtimer, für die andere Maßstäbe galten) mußte der neue 427er durch die harte amerikanische Typenabnahme — und fiel prompt durch.

Dann fiel die Entscheidung, mit einem entsprechend modifizierten Modell, einen neuen Anlauf zu unternehmen. Es war ein kostspieliges Unterfangen, auch ohne die teuren Crashtests.

Zunächst durften die so hergestellten Autos nicht Cobra heißen, sie wurden unter dem Firmennamen Autokraft vermarktet. Aus Gründen, die nur Angliss allein bekannt sein dürften, nannte er das Modell »Mark IV«. Ich möchte zu gerne wissen warum, denn er wußte wohl am besten, daß es nie einen »Mark III« gegeben hatte. Erst später war der 427er in Fankreisen als Mark III bezeichnet worden, und das so oft, daß diese Bezeichnung Allgemeingut wurde.

Angliss gelang 1982 ein Durchbruch, als er ein Übereinkommen mit AC Cars Ltd. traf. Roger Bell schrieb für *Thoroughbred & Classic Cars* im März jenes Jahres: »AC vergab an Autokraft, exklusiv für die Dauer des Vertrages, die Lizenzrechte am Markennamen AC. In diesem Passus des Vertrages liegt der Kern der Geschichte — die Wiedergeburt eines der traditionsreichsten und beliebtesten Klassikers, des AC Cobra, gebaut von Autokraft und versehen mit dem AC Emblem. Juristisch gesehen ist es kein Cobra, da dieser provokative Name heute Ford America gehört und seine Verwendung die (nicht selbstverständliche) Zustimmung des amerikanischen Riesens erfordert. Nur so wäre der Modellnamen komplett zu machen. Die Verwendung aber des Markennamens von AC, und das für die nächsten 25 Jahre, rückt Autokraft in eine völlig andere Lage als andere Hersteller von Nachbauten und Replikas.«

Etwa zur gleichen Zeit erhielt Angliss auch die Erlaubnis, den Namen »Cobra« zu verwenden. Ford hatte den Namen 1967 von Shelby gekauft.

Sein nächster Kauf hatte etwas größeren Umfang: Derek

Hurlock hatte eine Weile mit dem Gedanken gespielt, sich aus der Motorindustrie zurückzuziehen. Das ursprüngliche Werk war als Baugrundstück verkauft worden, die Firma residierte nun in kleineren Räumlichkeiten. AC hatte inzwischen vom ME3000 weniger als 100 Stück gebaut und verkaufte 1985 die Rechte an ein kurzlebiges Geschäft in Schottland.
So wurde Angliss im Frühjahr 1986 Besitzer jenes Werkes, dessen Produkte er so lange kopiert hatte.
Wer nun rechtmäßiger Besitzer war, ist schwieriger herauszufinden. Angliss und Autokraft waren beide Teilhaber von AC Cars Ltd., Teilhaber Nummer drei war William Wests AC Holdings. West hatte die AC-Anteile der Familie Hurlock übernommen und hielt nun über seine Holding 51 Prozent der neuen Gesellschaft. Dennoch hatte Angliss das Sagen.
Wie auch immer: Autokraft veröffentlichte 1986 einen Prospekt und warb für seine Fähigkeiten, den einzig wahren Cobra Mark IV zu bauen — und unterstrich dabei, daß die Firma allerlei Konstruktionsarbeiten übernehmen könne, von Rollstühlen bis hin zur Komplettproduktion einer Kleinserie, sofern eine Firma plane, einen Rennwagen für internationale Rennen zu homologieren. Eine grandiose Werksanlage sollte gebaut werden und darin sollten Autokraft und AC Cars auf 23.000 beziehungsweise 46.000 Quadratmeter unter einem Dach untergebracht werden.
Die Ford Motor Company kaufte 1987 AC, besser gesagt 50,96 Prozent davon, und damit konnte mit dem Bau einer neuen Industrieanlage im Industriegebiet an der ehemaligen Brooklands-Rennstrecke angefangen werden. Die Entwicklung eines neuen Ace hatte gerade begonnen, Autokraft baute den Cobra Mark IV weiter. Angliss Verhältnis zu Ford war nicht gerade harmonisch, viel schmutzige Wäsche wurde gewaschen, wobei der geplante neue Ace anscheinend der Hintergrund der Auseinandersetzungen bildete. Doch was die Gründe auch gewesen sein mögen, Ford jedenfalls versuchte 1990 und 1991 immer wieder, per Gerichtsbeschluß die Schließung der Firma zu erwirken. Angliss konnte alle Angriffe abwehren (die darauf abzielten, ihn aus dem Unternehmen zu entfernen) und die beiden Parteien einigten sich 1992 außergerichtlich: Angliss wurde zum alleinigen Inhaber.

1996 war eine bewegtes Jahr für AC Cars (geborene Autokraft). Das Unternehmen stand unter Konkursverwaltung, im Werk stapelten sich Teile und Rohkarossen. Der 427er ist für die USA bestimmt und wurde in diesem Rohzustand auch exportiert. Auf diese Art und Weise lassen sich die strengen US-Regeln umgehen — so wie das AC schon dreißig Jahre früher gemacht hatte, als die 427er in Bausatzform ausgeliefert wurden. Dieses Puzzle trägt die Fahrgestllnummer CSX 4015, wobei zu fragen ist, was denn Carroll Shelby damit zu tun hat.

Dann trat Alan Lubinsky auf den Plan, Chef der Pride Automotive Group. Seine neue Firma AC Car Group übernahm die Rechte und Bestände der Firma AC Cars. Wie es weitergeht? Keine Ahnung, ich jedenfalls hoffe, daß es auch in Zukunft Autos unter diesem Markenzeichen geben wird.